身体と境界の人類学

浮ケ谷幸代
Ukigaya Sachiyo

春風社

第2部

実践する身体〈応用編〉

はじめに——あなたの身体はだれのもの？

私たちは、生命や身体、生老病死をどのように捉えているのだろうか。本書は、世界各地のトピックスを参照しながら、人類学の境界理論を手がかりに、現代社会に生きる人々の身体や人格、自己についての見方（身体観、人格観、自己観）の多様性と普遍性について人類学的に考察していく本である。

人類学では、欧米諸国とは異なるアーカイックな社会（近代化から遠い地域）を調査対象としてきたため、自己をどう見るかという自己観や身体をどう捉えるかという身体観について、近代欧米社会での一般的なものとは異なったものをもっている。アーカイックな社会では、身体とはどのようなものかについて、今日の生物学や生理学の説明とは異なる独自の説明の仕方や観念がある。

ところで、日常生活で自分の身体は、健康ならばほとんど意識されることはない。意識されたとしても、せいぜい美容かファッションにかかわるときだけ、自分の身体が好ましいかどうかという程度の意識でしかない。

とはいえ、「たかが身体、されど身体」というように、どんなに嫌でも自分という存在を身体から切り離すことはできない。生命が果てるまで付いいてくるのが、身体なのである。身体なしの自分はありえないし、人格なるもの自体、身体の存在なしにはありえない。身体とは、ままならぬ存在、切り捨てることのできない存在、なくてはならない存在、いとおしいとしかいいようのない存在である。

なかなか捉えどころのない身体を、なんとか自分の手で実感として掴んでみようとする社会科学の試みとして本書は生まれた。本書は、四、五年前から担当してきた「身体の社会学」の授業と学生たちとの交流がもととなっている。

授業の最初に、つぎのような質問を投げかけることにしている。

(1) あなたの身体はあなたのものだと思いますか?　はい、いいえ
その理由は?

(2) あなたの身体はコントロールできると思いますか?　はい、いいえ
その理由は?

(3) あなたの身体は加工(処理)できると思いますか?　はい、いいえ
その理由は?

あなただったら、どう答えるだろうか。

一つ目は、身体の所有という問題、二つ目は身体の制御可能性という問題、三つ目は身体の処理という問題にそれぞれかかわっている。いずれの問いにも、「はい」と「いいえ」という選択肢を用意し、それぞれの答えにはその理由を書いてもらう。

学生のおよそ8割が、それぞれの問いに「はい」と答える。多くの学生は、自分の身体は自分のものという、身体の自己所有権、個人の自己決定と自己責任の論理を持ち出し、さらに理性は身体をコントロー

ルできるという、身体に対する精神の優位性を根拠として答える。

授業の最後に、以下の問いを再び投げかける。

（4）あなたの身体が他の人の身体とつながっていると感じることはありますか？　はい、いいえ
はいと答えた人は、どのようなとき、つながりを感じますか？

これに対する答えにはいくつかパターンがあるが、人と人との〈つながり〉をどう捉えていいのか、迷いながら答える学生も多い。

身体や生命というと、日本の学校教育で語られるのは生物学の知識によって捉えられる身体が主流であり、また自殺やいじめの問題から、「いのち」や「こころ」の問題として道徳的な自己や身体が語られている。一般社会では、身体は健康や病気予防の対象として医学的に語られ、消費社会という観点からみればファッションやダイエットの対象として扱われている。いずれにしても、身体・生命は、現代社会における文化的、社会的な価値観と深く結びついており、人類学的研究の重要な課題となっている。

本書では、第一部を理論編として「表象される身体」、第二部を応用編として「実践する身体」という二つの視点から身体にアプローチする。第一部では、身体が社会的、文化的、歴史的にどのように表象されてきたのかについて、「世界的身体」「社会的身体」「政治的身体」という人類学と社会学の観点から理論的にまとめている。

第二部では、臓器移植（日本とアメリカ、ヨーロッパ）、精神障害（日本）、糖尿病（日本）における身体観や身

体技法、性同一性障害（日本）とヒジュラ（インド）に関する身体とセクシュアリティをめぐる文化装置、老いと認知症（日本）をめぐる身体的記憶と身体実践、死化粧（日本）やエンバーミング（アメリカと日本）という遺体処置の仕方を例に、世界各地の身体観や人格観、遺体観（ニューカレドニア、アフリカ、中国、チベット）を比較参照しながら、現代社会における身体と生命、人格や自己について読み解いていく。

第一部、第二部どちらから読んでもわかるように構成してある。第一部を理論編としているが、具体的なエピソードを数多く紹介しているので、あまり身構えないでいただきたい。興味のある章から読み進めていってほしい。

文化人類学というと、ともすれば私たちの生活からかけ離れた世界の話だと受け取られがちであるが、本書は、そうした思い込みを覆《くつがえ》し、人類学的な思考が私たちの「生」と深く結びついていることを示したいと思う。現代の日本社会では、国家政策の変遷や医療テクノロジーの進歩のなかで、臓器移植や新生殖技術、再生医療、アンチ・エージング医療など先端的な技術を発達させていると同時に、そこから新たな問題も生まれている。

自己決定や自己責任に基づいて個人化が進む現代社会において、誕生、成人、病い、老化、死というプロセスを生きる人々の経験は、私の身体（生命）と他者の身体（生命）との〈つながり〉をどのように形作っているのだろうか。本書は、この問いに答えようとするささやかな試みである。

では、読者のみなさんを人類学的な知の世界にご案内しよう。

第1部

表象される身体〈理論編〉

第 1 章

世界的身体 World Body

私たちは身体なしに存在しえない。どれほど確たる観念をもっていても、どれほど豊かな想像力を働かせることができても、観念や想像力を生み出す〈いまここ〉にある身体を無視することはできない。それでいて、身体を語る言葉としてもちうるのは、学校教育の中で修得してきた生物学による普遍的な知識に他ならない。ところが、「だれでもどこでも同じ」という生物学的な身体では説明のつかない身体がある。本章では、そんな身体のありようについてとりあげる。文化の差異として現れる身体感覚、身体と世界観との類推・類似的《アナロジカル》な結び付き、身体と場所との関係について考えてみたい。

1 身体感覚と文化

私たちは、生物学的にいえば、人間の身体の構造と機能はだれでも同じであると思っている。「痛い」「熱い」「冷い」「心地よい」という身体感覚もまた、個人差はあるものの、人間ならばだいたい同じと思っているのではないだろうか。「だれでもどこでも同じ」と思われている身体感覚が、実は文化によって違うのだということから話をはじめたい。

身体の知覚の仕方に文化的差異があることを、文化人類学者のメアリ・ダグラスは以下のように述べている。

身だしなみ、食餌《しょくじ》、治療に関して身体を扱うときの気遣い、睡眠や運動によって身体が要求するものに関する諸説、身体が経過するさまざまな段階や身体が耐えうる苦痛、人生の長さについての考え方、身体を知覚するさいに関わってくるあらゆる文化的範疇《はんちゅう》――このようなものはすべて、その文化から生まれた身体の観念に立脚するところがあるというかぎりにおいて、その文化に属する人々が社会をみるさいのさまざまな範疇と密接な相互関係をもつはずである。（ダグラス 1983=1970：129）

「身だしなみ」にかかわるカテゴリーがその社会のカテゴリーや価値観と結びついていることは、服装やエチケット、食事のマナーが文化によって異なることからうなずけるだろう。また、食べ物や食事の仕方、病気や治療に関しても、その社会のカテゴリーや観念と深く結びついていることはおおよそ納得できる。しかし、ここで強調しておきたいのは、身体を知覚する仕方、つまり身体感覚さえも文化的な差異があるという点である。

例えば、子どもが発熱したとき、日本では体を冷やさないようにとたくさん着せ、発汗させることで解熱させる。ところが、欧米では全身を冷水につけて解熱させる。それぞれの文化から生み出された「熱と冷」にかかわる知恵である。体温の変化に対してより繊細なのは日本である。なぜなら、日本では用途に応じた体温計が数多く開発されているからである。一般的なものとして、水銀体温計、アルコール体温計があり、それ以外に月経周期を知るための婦人体温計、小児の体温を知るための耳穴測定用や肛門測定用の体温計などがある。日本人は微細な体温変化に対して敏感である。

子どもの体温についてのエピソードがある。日本に数年暮らしたことのある北米の知人は、滞在期間中に子どもを日本の幼稚園に通わせていた。日本の母親は、毎朝子どもの体調を知るために、子どものおでこに自分のおでこをくっつけることで、またつないでいる手の体温によって、熱があるかどうかを確認する。それを見て、親子のスキンシップが細やかというだけでなく、体温に対する気配りが日本の母親は繊細だと思ったという。

体感温度に関する文化的な差異について興味深い話がある。近年、若者たちの間で温泉人気が高まっている。日本の温泉文化には、その歴史の厚さ、湧き出る湯量や種類の豊富さにおいて世界的にも誇れるものがある。もちろん、ヨーロッパにも独自の温泉文化があり、日本のような入浴中心の「浴泉」ではなく、体内に取り入れる「飲泉」を中心とした温泉の利用の仕方が発達している。温泉利用法の違いの裏には、湯の温度に対する感覚の違いがある。

日本とドイツを比較してみよう。一般的に39度から42度の範囲が温浴とされ、37度から39度は微温浴、42度から45度は高温浴とされている。日本人が好むのは、40度から43度の温浴から高温浴の範囲であるが、ドイツでは36度から39度が適温とされている。日本人はドイツ人と比べて、より高温の湯を好むことがわかる。温泉施設に設置されているサウナの後に入る水風呂の温度は、日本では16度から18度が一般的だが、ドイツではさらに低い3度から13度が好まれている（阿岸 2009: 34）。どちらも温泉文化によって培われた入浴に関する体感温度の違いである。

また、痛みという身体感覚も文化的所産である。陣痛を除去する麻酔下の「無痛分娩《ぶんべん》」が、アメリカでは一般的な処置である。それに対して、日本では痛みのある出産を「自然分娩」と見なし、陣痛こそが母親になるためのイニシエーション（通過儀礼）であるというような意味付けがなされたりする。日本女性がアメリカ女性に比べて痛みに鈍いわけでもなければ、ことさら我慢強いわけでもない。痛みに対する意味付けが違うのである。

月経に関する認識や身体感覚も異なっている。日本の女性たちは、避妊や妊娠のためだけではなく、外出や旅行、行事などの予定をたてるとき、自分の月経周期を気にする人が多い。それだけ、女性の多くは自分の体調や月経周期に気を配っているのである。それに対して、先の知人によれば、北米の女性たちはいつ月経がくるかということに関してほとんど頓着せず、きてから対処するだけだという。

また、月経日に使用するナプキンについての感覚も異なっている。それは、日本のナプキンの種類の豊富さを見れば一目瞭然である。月経の始まり、中期、終わりという違い、昼用と夜用の違い、吸収率の違い、付け心地（肌触り）の違い、サイドに羽がついているかどうかなど、日本のドラッグストアに陳列されるナプキンの種類の多さは世界一かもしれない。アメリカでナプキンを購入しようとしても、日本のようなきめ細やかな商品を手にすることはできない。

とはいえ、日本の女性でも、明治生まれの女性に比べると、現代の女性は月経時の身体感覚の細やかさが失われているといえそうだ。

女性の月経血コントロールに関して興味深い話がある。

国際保健の専門家である三砂ちづるによれば、明治末期に生まれた女性は、月経時にはナプキン様のものを当てるのではなく、綿花を丸めたタンポン様のものを入り口近くに詰めていたという（三砂 2004）。下着を着けていないので、トイレに行く度にしゃがんで腹圧をかけると、綿球が簡単に出てきて交換できる。そのとき、経血が多いとどっと出てくる。実際、小さな綿球ではもたないので、経血を吸収するというよりは、そこに意識を集中させることで身体を引き締めたということらしい。奥ではなく入り口に入れることで、常に経血や身体感覚に意識を向けていたようだ。「気にならない」「もれない」ナプキンが当たり前の現代女性には、考えられない状況だろう。

さらに、明治生まれの女性で綿球も当て布もしたことのない人がいる。いつも身体に気配りをし、月経血がたまって出そうなときにトイレに行くという。腹圧をかけてトイレで「悪い血をだす」のは健康に良いというのだ。この引き締めは、和服を着用したさいの足さばきのような振る舞いが必要とされる生活様式と密接に関係している。現代の女性でも、経血コントロールをできる女性が一部にいるが、正座から椅子座の生活へ、和服から洋服の生活へという生活様式の西洋化にともない、女性の身体にかかわる知恵や身体技法は伝承されず、ほとんどの女性は自分の身体能力を知らないままだというのだ（三砂 2004）。

このように「熱さ」「痛み」「心地よさ（肌触り）」「引き締め」という身体感覚は、個人差はあるにしても、かなりの部分が文化的に規定されていることがわかる。ダグラスが指摘するまでもなく、その文化に属する人々が社会をどう見るかを考えるとき、身体と社会的なカテゴリー――例えば、何が熱くて何が冷たいか、この痛みは耐えるべきかどうか、肌触りがよいかどうか、身体の引き締めの有無など――は深く結びついているのである。

身体感覚と同様に、身体と身体を取りかこむ世界をどう見るかという世界観もまた、文化や社会と深く結びついている。

2 社会とアナロジカルな身体

身体というものについて、私たちは小学校のときから生物学的な知識によって教育されている。身体について考えるとき、生物学的な身体を想像し、病気や健康と結びつけられた生理的身体としてイメージする。その知識を出発点として、家の構造を身体の喩《たと》えと見なし、玄関を口、裏口を肛門、住居の囲いを身体を覆う皮膚と見ることにあまり抵抗はないだろう。生物学的身体（生理的身体）から、家の構造や村落の構造にアナロジカルな（類推された、類似な）身体（社会的身体）を想像することはそれほど難しいことではない。

ところが、ダグラスによれば、アーカイックな社会では、人々が自分の身体を知覚したり、イメージしたりするそのやり方は、社会構造や社会的カテゴリー、その意味によって形成されるというのである。

社会的身体は生理的身体を知覚するそのやり方を制約する。身体の生理的経験は、身体を知覚するさいの媒介となるさまざまな社会的範疇にたえず限定されつつ、社会に対する独自の見方を支えている。つまり、これら二種類の身体経験の間には絶えずお互いに意味の交流が行われており、それぞれが他方のさまざまな範疇を補強しているのである。このような相互作用の結果、身体そのものが高度に制約された表現手段になっているのだ。（ダグラス 1983=1970: 129）

つまり、社会的身体と生理的身体とは相互に影響しあっている。例えば、家や村落共同体の境界に対して不安や配慮がなければ、私たちの身体の開口部に対する認識も生まれない、言い方をかえれば、社会的身体が観念されるから、生理的身体が観念されるというのである。

そもそも、身体の開口部に興味がもたれるのは、共同体への出入口、共同体からの脱出路および共同体への侵入といったことについての関心があるからである。私見によれば、社会的境界に関する懸念がなければ、身体の境界に対する懸念は生じないと予想される。頭と足、頭と性器、また口と肛門との関係等は、通常、社会的上下関係にふさわしいパターンを表現するために論じられるのである。

（ダグラス 1983=1970: 138–139）

アーカイックな社会では社会的身体の認識や体験が先にあって、身体の生理的経験を生み出すというわけである。これは、生理的身体から社会的身体を想像するという、今日の私たちのアナロジーの方向性を逆転させる発想である。

社会学者のジョン・オニールもまた、社会的にカテゴリー化された身体と自分の身体との関係について、「われわれは自分の身体でもって社会を考えるが、それとまったく同様に社会でもって自分の身体を考える」（オニール 1992=1985: 72）といい、二つの身体経験の相互作用について述べている。生理的身体と社会的身体という二つの身体経験のあいだには、意味の交流がなされ、その相互作用の結果、身体そのものが高度に制約された表現手段となるというわけである。このように、人間の身体と社会のイメージとはパラレルであり、社会的次元が高度に構造化されているならば、社会（集団）と身体の境界性は明確にあるといえる。

社会と身体のイメージが世界観《コスモロジー》（世界についての見方）とどのように結び付けられているのか、オニールは西アフリカのカメルーンに居住するファリ族を例にあげている。ファリの社会では、世界は身体のように構成されていて、空間とその機能は身体の部位やその機能からのアナロジーによって説明される。

図1が示すように、世界は4つのエレメント（東・西・南・北）へと分割され、それぞれに世界を構成する成分、一定の色と神話的動物が割り当てられている。東は火、赤色とワニ、西は空気、白と黒の混色と水トカゲの皮膚、南は大地、水色とカメ、北は水、白色とヒキガエル、中央は空白、黒色とサルである。さらに、東は生命、力、富、豊饒、成長、熱、知識にかかわる領域とされ、西もしくは北は、弱さ、飢餓、無力、寒さ、無知、死にかかわる領域として認識されている（オニール 1992=1985: 45）。

図1：『語りあう身体』より

こうした説明に「なぜそうなるの？」と問い、方角と色や動物、観念との間に因果関係を求めても、そこには私たちが納得できる答えはない。ファリ族のアナロジカルな思考があるだけである。ということは、私たちには私たちのアナロジカルな思考がある。地球を宇宙の一部として見れば、そもそも地球の表面には方角はない。けれども、私たちもまた、東西南北という方角の中で生活しており、方位に関する意味付けの中で生きている。家の間取り、玄関の位置、庭の位置、植木や池の位置、布団を敷くときの枕の位置などの方位を意識して生活している。自宅で通夜をする際に遺体の位置を北枕にするなどもその例であろう。他に、方位占いでも、金銭運、恋愛運、健康運などと方角やモノ、色とが結び付けられている。ファリの人だけでなく、私たちもまた方角という空間に対する意味付けの中で生きている。逆に、方角という観念がなかったら、人はどうやって世界の中で生きていくのだろうか。

　また、ファリ族は、自分たちが所属する社会集団を1つの身体のアナロジーとして認識している。図2が示すように、地上世界は身体の4区分とファリ族内の4つの集団区分というアナロジーによって表現されている。東のカンゴウという集団は一人の男の頭、西のボリ・

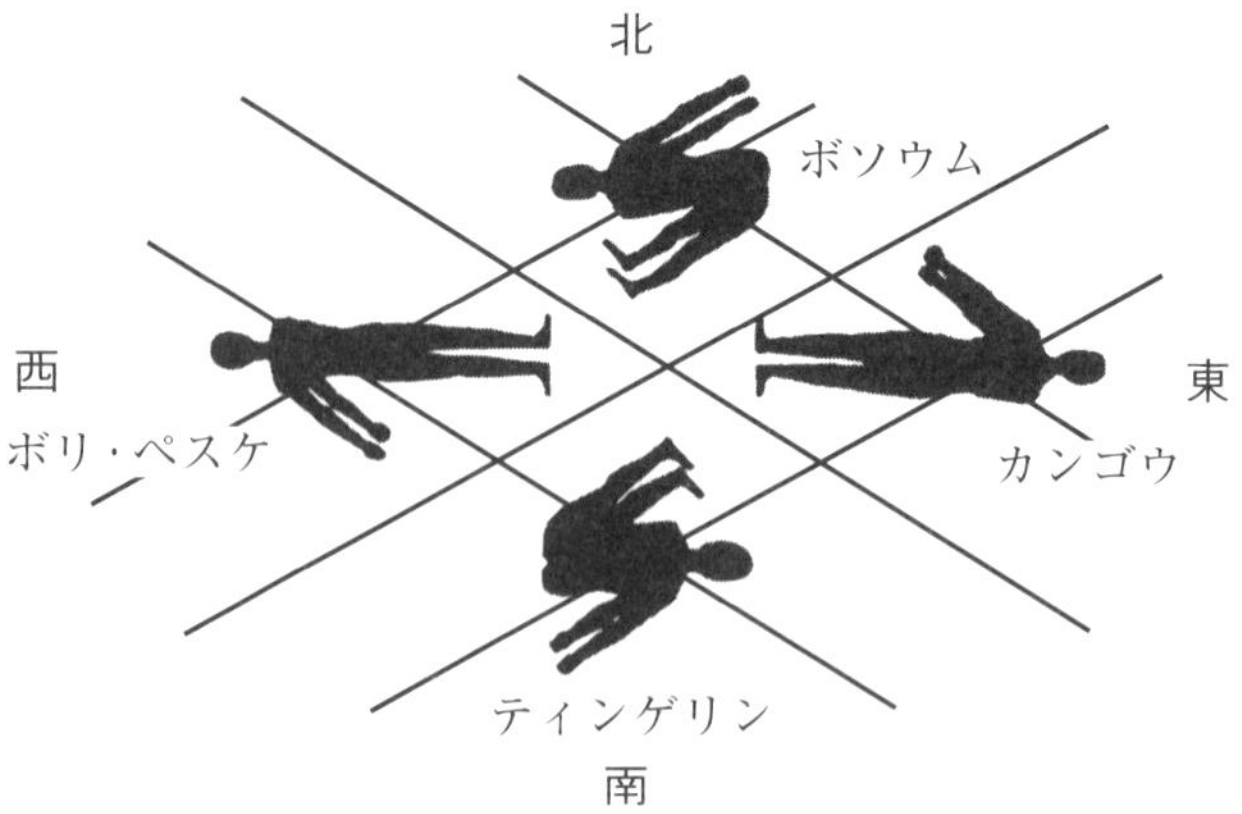

図2：『語りあう身体』より

ペスケはその男の伸ばした両脚、南のティンゲリンはその男の胴、北のボソウムはその男の両腕となる。そして男は右側を下にして横たわり大地を受胎させている。これは男女の結合と空と大地の結合を意味しているという（オニール1992=1985: 46）。

さらに、これらの4つの集団は、それぞれが4つの部族に再分割され、それらは身体の4つの主要区分の1つに関係付けられている。表1の身体の4つの主要区分は、東が頭、西が胸と胃、南が右腕と左腕、そして北が下肢となり、それぞれ部族に割り当てられている。この4分割には、4つの部族だけでなく、穀物や動物の分類、住居のデザインや内部構造や機能、そして既知のものの世界（人類、制度、食用穀物、家畜）、未知のものの世界（野獣、爬虫類、鳥、昆虫、魚）という区分が割り当てられ、それらは身体の図式とアナロジカルな関係にある（1992=1985: 47-48）。

ここでもまた、「なぜそうなるの？」という問いは不毛である。そこにあるのは、身体の主要区分に4つの集団（さらに4つの部族）を割り当てるというアナロジカルな思考である。

1	頭（東）	人類と食用穀物
2	胸（西）	家族を庇護する住居
2a	胃	野獣・鳥・魚・爬虫類・ブッシュに棲むすべてのもの
3	右腕（南）	稗《ひえ》の畑
3a	左腕	落花生の栽培
4	下肢（北）	食用穀物が栽培される大地

表1：『語りあう身体』より

ファリ族において、ファリ社会の全体は1人の人間の全身whole bodyとして観念されている。ファリ族全体を一つの身体の全体としてアナロジカルに見るという捉え方は、4分割された身体の部位のどれが欠けても満足な身体とはならず、それはファリ族全体としても十全ではないことを意味している。社会とのアナロジカルな関係を呼び起こす身体は、その社会に帰属するという意味で、アイデンティティを形づくる際の媒体となるのである。

このように、身体と集団、身体と住居、身体と集落、身体と世界のあらゆるカテゴリー区分とのアナロジカルな関係は、アフリカや日本だけに見出されるものではない。ソクラテスの時代から現代に至るまで、またヨーロッパからアフリカ、アメリカ、アジア一帯に普遍的に見られる思考様式である。むしろ、こうした身体と世界観との相関関係についての話が、私たちにとって耳新しいのだとすれば、それ自体が問題なのである。近代科学の誕生から生物学的な身体の知識が中心となっている現代に至るまで、「世界の身体」は日常生活の場から遠のいてしまい、実感覚として失われているからなのだ。

それでも、ダグラスが述べたように、「頭と足、頭と性器、また口と肛門との関係等は、通常、社会的上下関係にふさわしいパターンを表現するために論じられる」（ダグラス 1983=1970: 138–139）のであれば、今日の日本社会でもいくつかの言葉やカテゴリーの中にアナロジカルな身体の残渣《ざんさ》を見つけることができる。例えば、ツリー状として描かれる企業の組織図から、経営のトップは組織の「ヘッド（頭）」であり、その部下たちは「手足となって働く」社員であると表現される。また、実力を発揮する人を「頭角を現す」といい、解雇されることを「首を切られる」と表現する。組織の風通しのよさや組織が常に改善されている状況を指して「血が通っている」と言い、組織を血液が循環する生きた身体としてアナロジカルに表現するのである。

とはいえ、生物学的身体こそが身体であるという認識が主流の現代社会では、それがあまりにも強力な思考様式であるため、ファリ族のような「世界的身体」という思考様式を理解するのはなかなか難しい。しかも、生物学的身体に関する知識の洪水の中で生きている私たちにとって、集団や社会の分類に対する思考から生理的身体を観念するアナロジカルな力は失われているかのようである。それでも、私たちは文化や社会と深く結びついた身体を生きているはずである。このことは実践編で詳細にとりあげる。

3 マッピングされたい私

さて、私たちの身体はアナロジカルな思考の対象というだけでなく、具体的なトポス（場所）として布置されている。身体はそれ自体が空間を埋める場所をもち、身体が埋め込まれる意味空間と不即不離《ふそくふり》の関係にある。

そうだとするならば、身体の空間的な配置は、人が〈いまここ〉で生きていくための重要な要件となるが、それはどのようなものなのだろうか。自分の身体がどのように空間的に配置されているかを見るために、自己紹介の話から始めよう。

自己紹介するとき、私たちの多くは名前、職業、住所(出身県とか)、趣味、特技、好きな食べ物といったトピックを話していくだろう。おおむね、そうした属性の寄せ集めと外見、振る舞い、声音、癖などを総合したものが人物像となり、それが他人から見た「私」として認識されるのである。

なかでも、名前、職業、住所という属性は、人が社会で生きていくために、また他者との関係を作るために不可欠なものである。だとしたら、名前がなかったらどうなるのだろうか。記憶喪失は別として、社会的存在としての人間にとって名前がないと、目の前に身体として物理的に存在していても、その人は社会に存在していないことになる。存在を示す手だてとしての名前がないことは、その個人を他者から区別する最初の手がかりがないということである。なければ、新たな名前を付けるか、記憶喪失であれば、その名前を探し求めるだろう。人間の存在そのものを表す名前とは、単なる名詞や言葉と異なり、その人個人と同格な存在なのである。

では、職業はどうだろうか。学生なら、所属先の大学名、卒業した者は出身校を言うかもしれない。大学が不合格だった人は、浪人生、予備校生であると言うかもしれない。社会人だったら、職種か勤務先の会社名を名乗るかもしれない。経済不況の今日、未就職者の場合、就職浪人と言うか、あるいは中高年層の中途退職者の場合、失業者と言うかもしれない。いずれにしても、所属先が明確でないと、単に勉強できないとか生活ができないとかという以上に、生活者としての存在意義が不明となり、そこには不安や居心地の悪さが付きまとうだろう。

では、住所がなかったらどうだろうか。自分がどこに生まれ、どこで育ち、現在どこに住んでいるのかは、本人が記憶していなくても追跡可能である。そして、住む場所さえ決まっていれば、事情はさまざまであっても、それだけで寝る場所に悩まなくてもすむ。それ以上に、自分がだれで、どこに住んでいて、何をしている者なのかということだけで、社会的に生きていることの証となる。ただし、現在、国家の管理から外れている放浪の民族や故郷を離れざるをえない離郷《ディアスポラ》の人たちのように、移動を生活様式の基盤に据えている人たちもいるが、ここでは国家の管理下で定住している人たちの話に限定しておこう。定住生活が基盤となっている人にとって、名前があっても、それが布置される場所がない限り、〈いまここ〉を生きることに不安や恐怖が付きまとう。住所や居場所は人が生きていくことの基盤となっているからである。

では、人が社会や世界の中で生きることと空間的な配置とはどのような関係にあるのだろうか。そもそも空間には、人為的に作り出さない限り（自然のままでは）、区切りがない。地上でも海でも空でも地球の表面はつながっている。ところが、現実は世界地図に描かれているように、地表にも海面にも人為的な「線」が引かれ、それが国境という境界を示している（アフリカ大陸を見てみよう）。その線があることで、私たちは世界や国、地域というものを認識することができる。つまり、世界を認識するということは、ある空間と別の空間とを区別する線を引き、それぞれに名前と意味を与え、文化的、社会的な空間を構成するということなのである。そうした空間に自分を位置付けることで、私たちは社会に生きていることを実感するのである。それだけで、自分はどこの何者かというアイデンティティをめぐる不安や恐怖が多少薄らぐかもしれない。

もし、空間に境界線が引かれず、名前も与えられず、意味も与えられていない自然のままの空間（区分けされない空間）に存在しているならば、私たちはそのままでは生きていけない。自分の身を落ち着かせるためには、区分けされ、意味付けられた場所が必要なのである。自分を世界の中に位置付けるための場所、自分の身体を縁取る空間が必要なのである。

卑近な例だが、子どもの頃、押入れの隅っこや階段の下とか、大人は決して寄り付かない狭い場所に居心地の良さを感じた経験がある人もいるだろう。人の少ない大浴場に入るとき、人はどこに身を落ち着かせるのだろうか。多くの人は真ん中でなく浴場の縁《ふち》に身を沈める。学生が教室で授業を受けるとき、どこに座るのだろうか。だいたいの学生は一番後ろか、あるいは窓際か廊下側である。

なぜ、縁を好むのだろうか。私という存在、つまり自分の身体の置き所に空間を区切る縁が必要なのである。人は自分を確認するために、かつ落ち着くために、意識的にというよりは身体感覚として、身体のあり所としての居場所を特定する境界を必要としている。それは、子どもに顕《あらわ》れやすいが、老若男女を問わず、身体をもつ人間であれば、人間に共通する根源的な空間配置の感覚であるだろう。身体と空間配置については、「痴呆老人」の身体技法を論じる第7章で再び検討する。

さて、人が社会で生きていくうえで、身体は境界（縁）という社会空間に恣意的に配置される。身体と社会的秩序とはどのような関係にあるのだろうか。次章で見ていこう。

参考文献

阿岸祐幸　二〇〇九『温泉と健康』岩波新書
ダグラス、メアリ　一九八三＝一九七〇　江河徹・塚本利明・木下卓訳『象徴としての身体――コスモロジーの探究』紀伊国屋書店
三砂ちづる　二〇〇四『オニババ化する女たち：女性の身体を取り戻す』光文社新書
オニール・ジョン　一九九二＝一九八五　須田朗訳『語り合う身体』紀伊国屋書店

第2章

社会的身体 Social Body

身体がいったい社会とどう結びつくというのだろうか。これが、タイトルを見て思い浮かべる最初の疑問だろう。第1章ですでにこの問いに一部答えてきたが、この章ではさらに問いを深め、私たちが日常生活で何気なく経験していることをとりあげる。ふだんは考えることのない身体と社会との関係について、人類学の境界理論を手がかりに読み解いていこう。日常生活のごく普通の場面で、文脈の違いにより、同じモノに対して一方で「きたない」、他方で「きたなくない」という感情が生まれたり、世界各地の成人儀礼（成人式）には身体を傷つける身体変工が必ずともなっていたり、食べるという行為には必ずマナーや食物禁忌がともなうという事実を通して、身体が社会の秩序とどのように結びついているのかを考えてみたい。

1 分類と秩序——抜けた髪の毛はなぜ汚いか？

私たちの身体は社会的秩序とどのように関係しているのだろうか。本章では、だれにでも思い当たる身近な話から、人間の普遍的な思考様式としての境界理論を紹介していく。

「目の前に自分の髪の毛が落ちていたら、なぜ汚いと思うのだろうか」という問いから始めよう。数分前まで頭にあった髪の毛は、決して汚くはなく、むしろ若い女性ならば、好んでシャンプーの匂いやつやのある髪の毛をまさぐる人もいるだろう。その髪の毛が、机の上に落ちたというだけで、なぜ汚く感じてしまうのだろう。もちろん、ここでは衛生的なことを問題にしているのではない。

丁寧に手入れされている女性の爪は、ネイルアートを施していなくても、今日、美的鑑賞に堪える身体装飾の一つとなっている。ところが、切り落とされたその一部は鑑賞の対象とはならない。むしろ、一刻も早く目の前から除去すべきものとなる。それは、なぜなのだろうか。

さらに、例をあげよう。唾液は口の中にあるとき、ほとんど意識されない。ところが、口から吐かれた唾液は、たとえ自分の唾液であっても、大変汚いものに感じる。清潔なコップに自分の唾液をためたものを、二度と口の中にもどすことはできないだろう。なぜだろうか。もちろん、衛生的かどうかということが問題なのではない。では、耳垢は、鼻糞は、目やには、汗は、尿や便はどうだろうか。身体の中にあるうちは、自分の身体の一部であり、汚いとは感じない。それが身体の外部に出て、他人にそれを指摘されたり、自分でそれを意識したとき、汚く感じるのである。それが、身体から拭き取られたり、排出されたりしてしまうと、完全に汚いものとなる。なぜだろうか。繰り返すが、除去されたり、排出されたりしたものが、衛生的かどうかを問題にしているのではない。

では、考える対象を変えてみよう。

今、あなたは暑いさなか大好きなソフトクリームを食べている。不注意にも、洗濯したばかりのブラウスにこぼしてしまった。ブラウスにクリームがつくのはいやだけれど、ついたクリームを再びなめても衛生的には問題ない。けれども、ブラウスについたクリームは食べる気がしない。ソフトクリームのコーンの中にあるクリームは食べるのに、である。なぜだろうか。

また、靴が食卓の上や冷蔵庫の中にあったら、どうだろうか。鍋やまな板がベッドの上においてあったら、どうだろうか。嬉しいとか楽しいとは思わないだろう。居心地の悪さを感じたり、落ち着かない気になるだろう。それが衛生的かどうかは別として、早く元にあった場所に片付けてほしいと思うか、自分で片付けてしまうだろう。なぜだろうか。靴は履いていないとき、下駄箱にあるはずのものであり、鍋やまな板は使っていないとき、台所の所定の位置にあるはずのものだからである。同じ論理で、ソフトクリームはコーンの中にあるはずのものである。

そろそろ種明かしをしよう。分類からはずれるものをタブー視する話として、ダグラスは、聖書のレビ記の一説を引用する。

地にあるすべての獣のうち、あなたがたの食べることのできる動物は次のとおりである。獣のうち、すべてひづめの分れたもの、すなわち、ひづめの全く切れたもの、反芻《はんすう》するものは、これを食べることができる。ただし、反芻するもの、またはひづめの分れたもののうち、次のものは食べてはならない。すなわち、らくだ、これは、反芻するけれども、ひづめが分れていないから、あなたがたには汚《けが》れたものである。岩だぬき、これは、反芻するけれども、ひづめが分れていないから、あなたがたには汚れたものである。野うさぎ、これは、反芻するけれども、ひづめが分れていないから、あなたがたには汚れたものである。豚、これは、ひづめが分れており、ひづめの全く切れているけれども、反芻することをしないから、あなたがたには汚れたものである。あなたがたは、これらのものの肉を食べてはならない。またその死体に触れてはならない。これらは、あなたがたには汚れたものである。（ダグラス 1995=1969: 92）

和訳で「汚《けが》れ」という漢字を当てているので、「汚《きたな》い」というイメージを与えてしまいがちだが、ダグラスの解釈によれば、（豚の名誉にかけて）「豚が不潔だから食べてはならない」ということを意味しているのではない。

境界理論による解釈によれば、人間が食用とするものは家畜である。その条件が、「①ひづめの全く切れたもの、（かつ）②反芻するもの」（括弧内は筆者が補足）である。つまり、①と②の条件をともに満たすもの、例えば牛とか馬である。これを「集合 A」とすれば、「①ではない（ひづめが切れていないもの）」と「②ではない（反芻しないもの）」という両方の条件に当てはまるものは「集合非 A」となる。これは、野生の獣に多く、そもそも食用とはならない。「食べる動物」（集合 A）と「食べない動物」（集合非 A）という分類カテゴリーである。図3を参照してほしい。

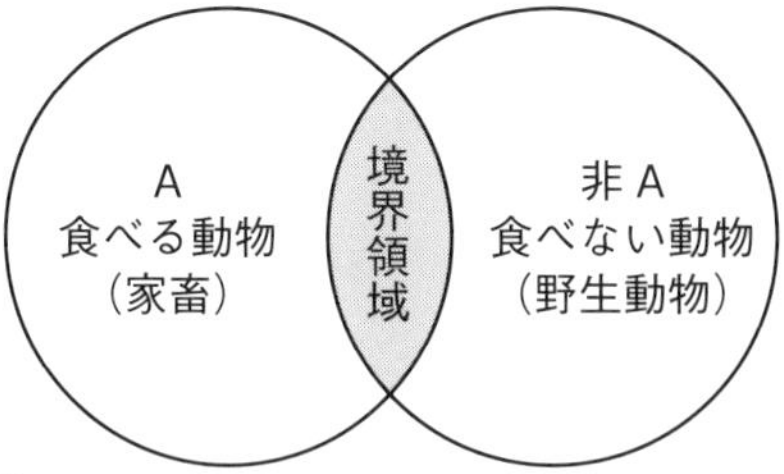

集　合　Ａ：食べる動物
　　　　　条件:①（ひづめが切れたもの）＋②（反芻するもの）（牛､馬など）
集合非Ａ：食べない動物
　　　　　条件：非①＋非②
境界領域：食べてはいけない動物
　　　　　条件：非①＋②（らくだ、岩だぬき、野うさぎ）
　　　　　　　　①＋非②（豚）

図３：分類カテゴリーと境界領域

ところが、自然界には分類しようとしても分類できない稀少なものが存在する。それが、らくだ、岩だぬき、野うさぎである。これらは、②を満たしているが、①を満たしていないので、分類からはずれる動物である。また、豚も分類からはずれる動物である。なぜなら、①を満たしているけれども、②を満たしていないからである。つまり、ここに挙げられた動物は、野生動物（集合非Ａ）にも、家畜（集合Ａ）にも、完全には分類できない領域に位置するものである。すなわち、境界領域に位置している動物であるから、「食べてはいけない」というタブーが課せられる対象となるのである。タブー視される領域だから、そこに「穢《けが》れ」が発生するのである。言い方をかえれば、穢れとは場違いなもの（分類できないもの、その分類からはずれるもの）に当てはめられた、ある状態を表すものなのである。

　再び、身体の一部の話にもどってみたい。抜けた髪の毛、切られた爪、吐かれた唾液を、なぜ汚いと感じるのか。髪の毛は本来頭皮にあるものであり、頭皮にある限り「自己」の一部である（集合Ａ）。爪は本来指先にあるものである。唾液は本来口の中にあるものである。耳垢、鼻糞、目やに、汗、尿、便もしかりである。ところが身体から離れたとき、それは微妙なものとなる。もはや自己の一部ではなく、かといって完全に「非自己」（集合非Ａ）ということもできないような、あいまいな中間領域に位置することになる。あるべきところにないもの（集合Ａと集合非Ａとの境界に位置するもの）は、人に不安や落ち着きのなさを抱かせる。あるべきところ、あるべきものというように、それ以外の場所、それ以外のものとの区別は、私たちが「つつがなく（無病息災である、異状がない、無事である）」日常生活を送るうえで不可欠な認識の仕方なのである。

けれども、身体から離れた身体の一部は、そうした「つつがない」日常を壊す（日常からはずれる）ものとして、あるべきところにないものとして、人々に認識される。だから、「汚い」「気持ち悪い」「居心地悪い」「不安」だと思われるのである。「つつがない」日常は、人やもの、概念の区別を前提とする「秩序」に支えられている。その秩序を壊すような人やものの存在は、私たちがふだん意識していない「境界」という観念を明るみに出す。身体の一部の話は、第４章で、再びとりあげる。

ダグラスは境界と分類について、以下のように述べる。

われわれが自分たちの境界を厳しく定めれば定めるほど、境界線のどちらか側かに間違って曖昧《あいまい》に入りこんでしまった穢《けが》れについてより強く意識するようになる。境界は定義によって、穢れとなるから、われわれはひじょうな努力をしてそれをはっきりさせておこうとしているが、そうすることによって範疇《はんちゅう》の体系をきちんと保持することができるのである。（ダグラス 1995=1969: 128）

つまり、あるものとそれ以外のものとの分類を明確にするために境界を定めようとするが、分類できないもの、分類できない状態を人は経験すればするほど、そこには分類による体系、社会が定める秩序というものを意識せざるをえないというのである。さらに、ダグラスはいう。

…一定の秩序ある諸関係と、その秩序の侵犯とである。従って、穢れとは、絶対に唯一かつ孤絶した事象ではあり得ない。つまり穢れのあるところには必ず体系が存在するのだ。秩序が不適当な要素の拒否を意味する限りにおいて、穢れとは事物の体系的秩序づけと分類との副産物なのである。(ダグラス 1995=1969: 79)

ダグラスが「穢れがあるところには必ず体系が存在する」と述べているように、「つつがない」日常の中で、「穢れ」という状態にともなう不安や居心地の悪さを抱くことによって、人は事物の体系的な秩序を想起するというのだ。だから、秩序を乱すような事物のありように対する拒否感や嫌悪感は、社会を秩序化するための重要な要素となっている。見方をかえれば、私たちの穢れをめぐる行動とは、社会的な分類を混乱させたり、無効にしたりする観念、あるいは分類に当てはまらない「あいまいでどっちつかず」の人や事物、観念、状態を「拒否」「否定」「排除」しようとする反応に他ならないのである。

ただし、忘れてはならないことは、境界領域は単に不安や嫌悪感を抱かせるだけではなく、偶然性や創造性をもつことから、社会の変革可能性を内包しているという点である。境界領域の「両義性」については後述する。

2 成人儀礼 ——「死と再生」の装置

境界というのは、身体や動物にだけ当てはまるものではない。事物、時間、空間、概念、言語など、私たちの世界を構成しているすべてのものに当てはまる。自然のままの世界は、人間が恣意的に分類、区別しようと境界を作らない限り、連続しているものである。つまり、分類や区別をしなければ世界は連続しているので、恣意的に作った境界には、分類しようとしてもどうしても分類できない領域が発生してしまうのである。このことについて文化人類学者のエドモンド・リーチは次のように述べる。

ある種の事物や行為を他のものから区別して一つの組に分類するため、われわれは（言語的または非言語的）象徴を用いるが、その際、「自然のまま」の状態にあってはもともと切れ目のない連続体である場のさなかに、われわれは人工的な境界をあれこれと創りだしているのである。（リーチ 1981=1976: 72）

すべての境界は、自然のままでは連続していて切れ目のないところに切れ目をわざと入れた人工的な分断であり、また、この境界自体にそもそも内在する曖昧性が不安や紛争のたねとなるという原則を述べたが、空間に対してばかりでなく時間に対しても、これは当てはまる。（リーチ 1981=1976: 73）

身体の一部、身体と空間の話はすでに述べたが、時間についても、境界理論で解釈することができる。

自然な時間というのは連続しているアナログな時間である。日本では、1年というサイクルの中に春夏秋冬という四季の区別がある。さらに、私たちは1年を12ヵ月として区分する太陽暦を採用し、1ヵ月を4週間に、1週間を7日間に分け、1日を24時間に細分化したデジタルな時間を生きている。デジタルな世界時間の観念は、日本では明治期に導入されたものである。それまでの生活を取り巻く自然の移り変わり、生業や行事などによって区分けされた民俗的な時間（時の流れ）が、普遍的で均質な世界時間によって区分けし直されたといえる。民俗的な時間が区分けされた例として、明治期に近代化を目指す国家にとって合理的ではないという認識から、女性の伝統的な身支度に費やす時間が変容させられていく話を第3章でとりあげる。

現代に生きる私たちが世界時間に支配された日常生活を送っているということは確かであろう。かといって、かつての民俗的な時の移り変わりの感覚や、人生のライフサイクルとしての節目が、そう簡単になくなったわけではない。見えにくくなってきていることは事実であるけれども。例えば、昼と夜の境目、夕暮れ時は、自動車を運転する者には要注意の時間帯である。ライトを点けようかどうしようかと迷う時間帯、つまり薄暗いがまだおぼろげながら形は見えるようなこの時間帯は、事故を起こしやすいといわれている。この時間帯は、古くから「逢魔《おうま》ヶ刻《がとき》」と呼ばれ、魔物に遭遇しやすい時間帯として怖がられてきた。昼と夜の境界が垣間見える刻《とき》である。

人間の一生の時間に区切りを入れる節目（竹の節に由来する）には、古来、人のライフサイクルにおけるさまざまなイベント（行事）が用意されてきた。人間の一生は、誕生から入学式、卒業式、成人式、結婚式、還暦や古希の祝い、そして人生最大のイベントである葬式で締めくくられる。人はなぜこうしたイベント

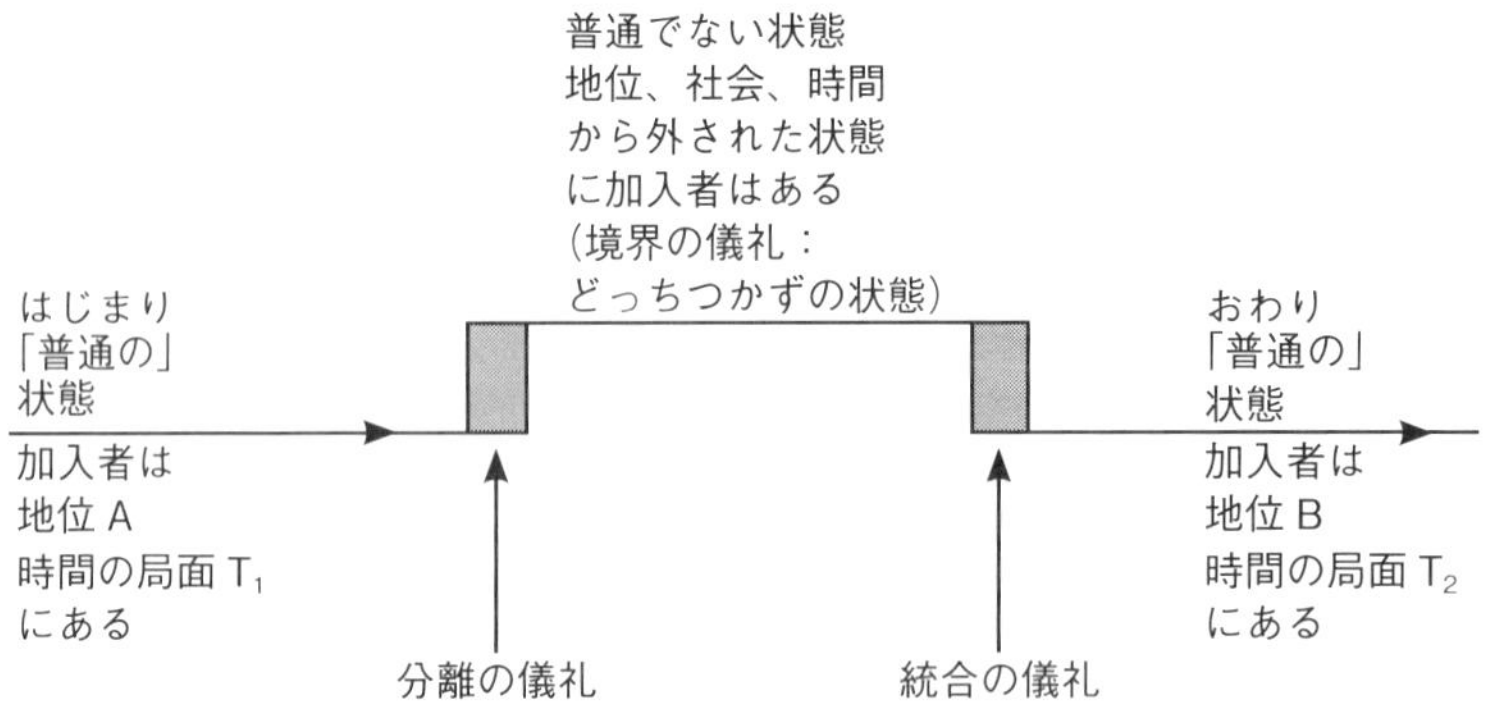

図4：『文化とコミュニケーション』より

を用意し、また人間が介入しなければアナログなままに流れる時間をなぜ区切るのであろうか。人は、変化のない単調な時間の流れに耐えられず、節目によって区切られるメリハリのある暮らしを求めるからである。それだけでなく、区切ることで流れる時に意味が付与される。その意味の中で、人は喜び、怒り、哀しみ、楽しむという、人間として生きる糧を得ているのである。

ここで、時間を区切ることで境界領域を生み出す例として、ライフサイクルのイベントの一つ、成人儀礼（式）について話してみよう。成人儀礼は、人生の節目で経験する通過儀礼の一つである。フランスの民俗学者、ファン・フェネップは、通過儀礼に共通する一つの構造を見出している（図4）。横軸がアナログな時間の流れとすると、儀礼の構造は、儀礼に入る前の日常状態からの「分離」、どこの状態にも属さない非日常的な状態としての「過渡」（境界）、日常世界での新しい状態への「統合」という3つの局面からなる（フェネップ 1977=1909）。成人儀礼で言えば、それまでの日常生活での子どもという状態から「分離」し、さまざまな試練をともなう「過渡」を経て、再び日常生活に戻るが、今度は大人という状態に「統合」されるというわけである。この「分離」

「過渡」「統合」という一連のプロセスが成人儀礼と呼ばれ、そのやり方はそれぞれの社会が文化的に設定している。

ここでは、オーストラリアのアボリジニ社会の成人儀礼をとりあげよう。特に、ここで強調しておきたいのは、成人儀礼は、成熟儀礼とも言いかえられるように、ライフサイクルの一つというよりは、「死と再生」をともなうライフステージの変化として捉えられるということである。アボリジニの言葉では、「ムルディリヤ（新参者）」は儀礼に組み込まれている割礼を済ませると、「ブグルディ」と呼ばれる。「ブグルディ」とは、「ブグ（死）」と「ユディリィニ（生まれ戻ること）」から構成される語である。また「ブグ」という語は、妊娠・分娩中の女性や生理中の女性に対しても使われる。「ブグ」には、「死」と「再生産（リプロダクション）」という意味が両義的に付与されているのである（ローラー 2003: 242）。境界の両義性については、節の最後で述べる。

まずは、「少年から大人の男性になる」ための成人儀礼について概要を説明しよう。アボリジニ社会では、11歳から13歳頃になると、割礼のイニシエーションが準備される。大人になるまでに諸段階（7〜8段階）があり、それぞれの段階で必要な知識や身体技法を伝授されるが、その期間は数ヵ月にも及ぶ。まずは、トランス状態を誘発する方法を伝授され、生から死への移行の全プロセスを体験する術《すべ》を学ぶ。このプロセスにおいて、一方ではこのプロセスにまつわる部族の神話を伝授され、他方で儀礼前の母親に守られていた生活からの離別、死への移行という根源的な恐怖を体験する。具体的に見ていこう。以下の話は、神話学者のロバート・ローラーの著書からまとめている。

このプロセスは、少年が年長の男性の血を全身に塗られたり、眠ることを禁じられた状態で「ドリームタイムの法」を伝授されたりしながら、身体の苦痛に耐え続ける「捕《つか》まえ」から始まる。この時期の少年は、断食と沈黙の時間を過ごす。これが「儀礼的な死」とされるのである。

次に待っているのが数週間にも及ぶ長い旅である。疎遠になっている遠方のクランと情報交換し、さまざまな知識を伝授されることで広く社会的ネットワークを形成し、クランや先祖、大地との関係を深めていく体験となる。その後、割礼を受けるために、少年の父親の生まれた場所に再びもどってくる。

割礼は、大掛かりな舞台設定と多くの親族の参加によって、舞踊、鳴り物（うなり板「ブルーローラー」による音）、贈り物や食料の交換など、複雑な構成と念入りな演出の中で執り行われる。設《しつら》えた祭壇の上で、少年のペニスの包皮が切除される。このとき、少年は伝授されたトランス状態に入ることで、痛みと厳しい試練に対する恐怖を超越する術《すべ》を身に着ける。そして、少年は精霊の声だとされるうなり板を両親の代わりに二つ渡され、両親からの自立と精霊とのコミュニケーションの重要性を教わるのである。

割礼が終了すると、少年たちは野営地に隔離される。この期間では、断食と手話によるコミュニケーションが課せられる。夜に行われる舞踊の祭儀では、少年は死後の世界の本質についての秘儀が伝授される。そして、傷が癒えた頃、野営地の中央に集められ、不眠状態、火走り、煙をかける、模擬戦などを経て、母親が待つ村へともどる。このとき、「子ども時代」の少年は死に、母子関係は保護や愛情によって結ばれる関係ではなく、儀礼的な敬意を必要とする社会関係へと変化している。

なかでも、儀礼の重要な一部となっている婚約の儀式がある。割礼の後、執刀者の娘、5歳前後の少女が少年の隣に座らせられ、簡単な婚約儀礼が行われる。実際の結婚は15年以上先かもしれない。その間、少年は未婚男性だけで暮らす野営地で過ごし、成人儀礼を続行する。(ローラー 2003: 253-263)

この後、上級イニシエーションに進む者もいるが、これについては省略する。また、アボリジニ社会には「少女から大人の女性になる」ための重要な成人儀礼もあるが、これも割愛する。ただ、確認しておきたいのは、成人儀礼というのは単に子どもから大人への移行のための装置ではなく、「少年を社会的に男にする」、また「少女を社会的に女にする」装置であるということである。成人儀礼を遂行する社会では、儀礼を経る前の少年や少女は社会的な性別カテゴリーとして区別されていない。言い方をかえれば、儀礼という社会装置をくぐらなければ、つまり人為的、文化的な介入がなされなければ、自然の状態のままとしての人は男性でも女性でもなく、両者の間は連続しているということなのである。このことは、第6章でとりあげる性の多様性と関連している。

さて、ここで検討するのは「過渡期」にともなう試練についてである。身体的、精神的な苦痛や恐怖を与える試練は、アボリジニ社会に限らず、むしろ世界各地のアーカイックな社会に見られる現象である。とりわけ、身体的な苦痛とは、割礼のほか、リーチが示すように、身体と外界との境界にある外性器、髪の毛、歯、皮膚、耳などに対する損傷、加工ないしは除去など、身体変工によってもたらされるものである(写真1)。割礼(女子割礼を含めて)をめぐる倫理的な議論について、ここではとりあげない。

> 社会的地位の変化は、肉体を傷つけることによってあらわされる場合が非常に多い。男子の割礼、女子の陰核除去、剃髪《ていはつ》、抜歯、乱刺、いれずみ、耳部への穴あけは、もっともよくみられる例である。…ほとんどの損傷は身体の境界部分――包皮、陰核、髪、歯…の除去を含んでおり、その儀礼は清めのひとつひとつとしてみなされることがふつうである。この場合の論理は、境界の両義性、つまりタブーとの結びつきについて先に述べたことと関連してくる。（リーチ 1981=1976: 127-128）

なぜ、成人儀礼では身体の表面部分が変工の対象になるのだろうか。身体の表面は、子どもと大人との境界だけでなく、自己と他者との境界とアイデンティティとの関係において重要なテーマとなる。これについては、第4章で詳細に検討する。

写真1:『アボリジニの世界』より

　アボリジニの人たちの数ヵ月にも及ぶ儀礼にかける時間とエネルギーは、半ば形骸化している成人式で事を済ませる現代社会に生きる私たちにとって想像を超えている。なぜ、社会全体の一大事としてそれほどまでに熱心に取り組むのだろうか。それは、ダグラスが述べるように、境界理論から説明できるだろう。

危険は過渡的状態の中に存在する。その唯一の理由は、過渡的状態とは一つの状態で次の状態でもなく、明確に定義し得ないものだということなのである。ある状態から別の状態に移らなければならない人は、自らが危険に脅かされているばかりでなく、他の人々にも危険を与える。この危険は、彼を旧《ふる》い状態から明確に分断し、しばらくの間隔離し、次いで新しい状態への参入を公的に宣告する儀式によって防ぐことができる。通過そのものが危険であるばかりでなく、隔離の儀式までもが多くの儀式の中で最も危険な儀式とされるものである。(ダグラス 1983=1970: 187-188)

ダグラスによれば、子どもから大人に移行する過渡期に位置する人間は、そこが境界領域であるがゆえに、「大人でもなく子どもでもなく」「あいまいでどっちつかず」な存在である。ゆえに、危険な状態にある。その危険は、儀礼を受ける少女や少年だけではなく、社会全体にも及ぼす大きな力となる。そこで、その危険を回避するために人々は儀礼を執り行うのである。

成人儀礼の様式は文化的に差異があるけれど、共通している点は、単に若者に個人的な成長をもたらす装置ではなく、一貫したモチーフである「死と再生」の世界観に支えられて、社会の構成員全員で準備し、参加する装置であるという点である。苦痛や試練をともなう儀礼には、その社会に伝承される起源神話をはじめとしてさまざまな神話が重要な役割を果たし、その神話を基底にその社会における人間の生と死の意味が付与されている。アーカイックな社会では、少年や少女だけでなく、その近親者たちもまた、彼(女)たちの苦痛を分かちあおうと自らの身体を傷つけたり、ときには断食や性行動にかかわる禁忌に従ったりすることで、若者たちが課せられている試練を擬似的に体験することがある。そこには、儀礼を無事に遂行しようと取り組む人々の真摯な姿勢がある。言いかえれば、儀礼を無事に遂行することに対して、社会の成員である大人すべてに責任があるのである。

ひるがえって、日本の場合はどうだろうか。近年、成人式での若者の傍若無人《ぼうじゃくぶじん》の振る舞いがメディアを賑《にぎ》わし、若者たちの礼儀の喪失を嘆く大人の声がとりあげられてきた。式では、来賓の挨拶を静かに聴くこともできず、壇上に上がって暴れたり、酒を持ち込みながら酔った勢いで来賓にからんだり、その無秩序ぶりに思わず目を背けたくなる若者の実態が浮き彫りにされている。式の参加者である若者は、日ごろは身に着けない着物や羽織袴を着て、非日常的な外見を装っている。だが、それだけである。アボリジニ社会が求めるような内的世界の変容など、期待できない。大人である来賓の挨拶の話をたった数時間すら、我慢して聞くことのできない若者が多くなっている。こんな若者たちの振る舞いをまるで予測していたかのように、ダグラスは次のように言う。

…身体的規制は社会的規制の一つの表現であり、儀式において身体的規制が放棄されることは、そこに表現されようとしている社会的経験の脱規制的要求に応えるものだという仮説である。さらにすすめば、身体を規制しようとしても、それに対応する社会的形式が存在しなければ成功する見込みが少ないといったことになる。（ダグラス 1983=1970: 39）

ダグラスは、成人式の若者が暴れる、すなわち身体的な規制を放棄するという事態に対して、成人儀礼に必要とされる社会的規制がない限り、身体を規制するなどということは不可能に近いと述べているのである。成人儀礼にもともとそなわっていた数々の身体的な苦痛や精神的な試練が形骸化した現代の成人式には、もはや身体を規制する力など期待するほうが間違っているのである。

こうした無秩序に対して、大人たちはただ嘆くか、もしくは昨今の若者の自己中心的な態度やしつけの欠如、道徳教育の弱体化という方向に原因を探る。しかし、アーカイックな社会の成人儀礼に対する大人たちの責任のもち方や社会装置を機能させるための真摯な態度をみれば、問題は若者にではなく大人にあることを痛感する。日本の大人たちは、かつて日本にもあった成人儀礼（流鏑馬《やぶさめ》など）を、近代化にともなう合理化や効率性の名のもとに、放棄し形骸化させてきた。それを省みず、若者の態度やシステムの欠陥に責任を嫁すような態度では、ダグラスの指摘するように、身体の規制に「成功する見込みが少ない」ということになる。身体の規制に「対応する社会的形式」としての社会装置を、今後どのように作っていけばよいのか、それが私たち大人に課せられた問いである。

さて、境界理論で忘れてはならないことがある。これまで、境界領域について、「不安、居心地の悪さ、危険」という、どちらかといえば否定的な言葉で説明してきた。しかし、それだけにとどまらない境界の両義性について話しておきたい。どっちつかずの境界領域に位置する人やもの、状態は、ダグラスのいうように、一方で秩序を破壊するが、他方で無秩序ゆえに形式を新たに創出する潜在的能力も秘めている。

従って、無秩序とは無限定を意味し、その中にはいかなる形式も実現されてはいないけれども、無秩序のもつ形式創出の潜在的能力は無限なのである。これこそが、我々が秩序の創造を求めながら、ただ無秩序を否定し去るといったことをしない理由である。我々は、無秩序が現存する秩序を破壊することは認めながら、それが潜在的創造能力をもっていることをも認識しているのだ。無秩序は危険と能力（ちから）との両者を象徴しているのである。（ダグラス 1995=1969:184）

とりわけ、この危険であるがゆえの潜在的創造力は、芸術や文学の領域で発揮されるという。

　しかしながら、曖昧なるものに直面することは必ずしも不愉快な経験ではない。明らかに、それに耐え易いような領域が存在するのである。その経験の時点もしくは強度によって、笑い、反発、衝撃といったさまざまな反応が出現するのだ。こういった経験が我々を昂揚《こうよう》させることすらあり得るだろう。エンプソンが示しているように、詩の豊かさは曖昧さを利用することにかかっているのである。…エーレンツヴァイクは、芸術作品は我々を日常的経験のもつ明示的構造を超えたところに到達させるが故に、我々は芸術を享受するのだとまで論じる。美的快楽は、分節化されない形式を知覚することから生ずるのである。（ダグラス 1995=1969: 82）

　確かに、詩的言語には、白黒はっきりした言葉や表現ではないものが多い。あるいは論理的、首尾一貫した言い回しでは、言葉の意味する世界は固定され、閉じられたままであり、想像力によってそれを広げることは難しい。むしろ、境界領域に特徴的な論理的ではなく矛盾と見なされる表現こそが、複雑で豊かな世界を描写するのにふさわしい。見慣れた常識の風景を意外性や偶然性によって転倒してくれる力があるのは、「どっちつかずであいまい」な、分節化されていない世界に身を置く人たちなのだろう。このことは、第7章でとりあげる痴呆老人たちの世界で、自己と他者、身体とモノとの区別がなくなる「未分化な状態」を生きる姿と重なっている。

また、アボリジニ社会の成人儀礼にもあるように、単に儀礼の参加者は危険であるだけではなく、儀礼を経た若者はその社会で次代を担う役割と社会を変革する力をそなえた存在となる。こうした境界の両義性について、人類学者のビクター・ターナーは、アーカイックな社会だけではなく、現代社会においても儀礼の構造の一過程である「過渡」にそなわる動態性と創造性、社会変革の可能性を見出している（ターナー 1995=1969）。

そうだとすれば、日本の形骸化した成人式での若者の暴挙をめぐって、無秩序ゆえの危険性という側面だけではなく、境界領域に位置することでそなわっている若者の創造性や変革性にも着目することは意義があるだろう。近年、若者の力を活かそうという動きがある。成人式で暴力を振るう若者の力を別の形で発揮できるようにと、若者たち自身が企画し、運営する成人式を採用した自治体がある。確かに、若者も式をまるごと一任されれば、形骸化された成人式に一方的な形で参加を余儀なくされるよりも、参加への動機付けを得ることができるかもしれない。また、祝う側（大人）と祝われる側（若者）との関係を対等にするという形は、世代間の軋轢《あつれき》を調整しているかのように見える。

そこで、現代社会の新たなやり方とアーカイックな社会の成人儀礼とを比較して考えてみたい。

新たな試みは若者の意を汲み、若者に企画を一任することでモチベーションを与えるということだった。だが、それだけで成人儀礼に共通した重大なモチーフである「死と再生」という人間の根源的な生の様式を体験することができるのだろうか。また、儀礼にともなう身体的苦痛や精神的な試練を経ずに、成熟した大人というステージに到達できるのだろうか。大人と若者との関係がフラットになることで、成熟した大人の生と死をめぐる知恵や技法が伝授されるのだろうか。若者のもつ変革の可能性に賭けて、新たな挑戦がなされているわけだが、そうしたやり方が適切な社会装置となりうるのかどうか、見守っていく必要がある。いずれにしても、こうした現状を踏まえて「子どもを大人にする」ための社会装置として、どのような形を今後作り出していくのかという問いが、私たちに課せられているのである。

3 「食べること」と境界侵犯

さて、再び話を身体にもどしてみたい。ここでは、「食べる」という行為を通して、身体と境界との関係について考えてみる。

食べるという行為において、その対象となる「食べ物」は身体外部のものであり、自分の体にとっては「異物」となる。食べるという行為は、異物を身体内部に取り込むことである。口から食道、胃、小腸、大腸、肛門という消化にかかわる臓器を一連の管《くだ》とするなら、人間のからだは一本の管となる。食べた物は、管を通過していくにしたがい、一部は消化吸収され、残渣《ざんさ》は排泄物となる。

食べ物は、はたして自分の身体の一部なのだろうか、それとも一部ではないのだろうか。食べるという行為を通して、身体と食べ物との関係はきわめて境界性を帯びたものとなる。身体を食べ物が通過するとき、身体が境界性を帯びるならば、「食べる」という行為は、「境界侵犯」と呼べるようなとても危険な行為となる（浮ヶ谷 2005）。

食べるという危険な行為には、いつの時代にも、どこの社会にも、危険を回避するための文化的な規制として、食物禁忌や食の作法（マナー、エチケット）がともなっている。そして、食の規制は、「いつ、どこで、だれと、何を、いかに」食べるかという複数の状況が組み合わさってできる文脈、いわば「食行為の文脈」によって構成されているのである。

「いつ」食べるかということに関して、ふだんの食事と盆や暮れ、正月、記念日や誕生日のそれとでは文脈が違うし、食べ物の種類や一緒に食べる人も異なってくる。「どこで」は、家庭で食べるのと、学校や親戚の家、レストランで食べる場合では、食べる状況が異なっている。「だれと」というのも、家族と食べる、友人と食べる、上司や先生と食べる場合で、かなり状況が異なってくる。「何を」食べるかは、「食べてはいけないもの」として文化が規定する食物禁忌がある。他にも、行事によって決められている食べ物や、栄養学による規制もある。「いかに」とは、栽培法や採取法から調理法、セッティング、身分や年齢に合わせた席順、作法やマナーに至る規制のことである。

ところが、健康やダイエットに関心を抱いている現代人にとって、「食べる」ことの規制として思い浮かべるのは、おそらく栄養学的なカロリーのことだろう。「食べる」という行為が文化的な所産であるとすれば、栄養学の「何を、どれだけ食べるか」という規制は、食規制を構成する複数の条件のうちの一つに過ぎないといえる。

「食行為の文脈」に関して、臨床哲学者の鷲田清一は、著書『悲鳴をあげる身体』の中で、摂食障害を引き起こす要因の一つとして、「『段取り』を失った食事」をあげている（鷲田 1998: 18-20）。「段取りを失う」

とは、いったいどういうことなのだろうか。鷲田の説明は短いので、先の食行為の文脈から解読してみよう。

「食べる」ためには、段取り（食行為の文脈）が必要である。だれかと一緒に食事をする場合、「いつ、どこで、だれと、何を、いかに」食べるかという食行為の文脈が大きく影響する。

相手がいれば、食べる時間の調整というだけではなく、どのくらいの時間をかけて食べるかということも重要となる。相手のペースを無視して、5分で食べ切るとか、反対にだらだらと食べ続けるということはできない。食べる場所も、相手の意向を無視して決めることはできない。食べる相手も、家族、友人、上司では、食事の内容や雰囲気が全く違ってくる。何を食べるかも、自分の好物だけを主張することはできない。食べる量も、勝手に好きなだけ食べてよいわけではなく、相手とのバランスがある。それに、買い物から調理、セッティング、そして後片付けまで、自分の都合だけでできることではない。こうした「だれかと食べる」という共食にともなう「段取り」があることで、食べ過ぎず、食べなさ過ぎず、ほどよくバランスの取れた食行為が保たれるのである。「『段取り』を失った食事」とは、暴飲、暴食、欠食、拒食など、外からの規制のない無秩序な食行為のことである。

また、「食べる」という行為は、本来「共食」を前提としている。このことは、世界各地の食慣行について調査してきた文化人類学では早くから指摘されてきた。共食という行為を通して、自分が所属する集団への帰属意識を強めたり、連帯感や一体感をもたせることで、集団内の絆を強化する機能があるというわけだ。敵対する隣接集団との緊張を緩めたり、敵対を防いだりするために、定期的に宴会を開催する。つまり、共食という行為を通じて、集団間の緊張を緩和、もしくは調停しているのである。

「同じ釜の飯を食う」という言葉がある。同じ釜の飯を食った仲間とは、深い絆で結ばれた特別な関係にあるという意味である。また、冠婚葬祭、年中行事に飲食の行為は付きものである。そうした場に参加して、勧められるままに飲んだり食べたりすることはあっても、その意味を考えたことはないだろう。しかし、そこには親戚関係の絆を確認したり、疎遠になっていた関係を再び結び直すという機能がある。また、日本のサラリーマンのアフターファイブでの付き合いは、欧米では評判がよくないが、サラリーマンにしてみれば、一日のストレスを発散するだけでなく、飲み食いしながら情報を交換し、関係性を確認し合っているのである。疎遠になっている友人と久しぶりに会食をしてみればわかる。なんとなくはじめはあったぎこちなさも、一緒に食べることや会話を交わすことで、いつの間にか薄らいでくる。

ところで、現代の日本社会では、家族で別々のメニューを食べる個食や、家族がいても一人で食べる孤食が増えている。これは、子どもの塾通い、大人の長時間勤務など、現代の生活スタイルの変化が一因であるといわれている。孤食や個食の場合、だれからも何もいわれないまま、何を、どれだけ、いつ食べても自由である。ところが、「食事はみんなで食べるもの」という価値観の中で育ったアフリカの青年には、個食や孤食という日本の状況は、きわめて異常な現象として見えてくる。共食を前提とするアーカイックな社会では、一人で食事をすることは、社会的規範からの逸脱行為として疑われるだけでなく、社会にとってきわめて危険な行為と見なされている。

以上のように、「食べる」という行為は、身体とその身体を通過する食べ物との関係から「境界侵犯」として捉えることができる。食べるという行為はきわめて危険なため、どの社会でも作法やマナー、ときに食物禁忌さえもともなうのである。そうした食行為にかかわる文化的規制は、境界領域に生じる危険を回避するためにある。ただし、境界の両義性という観点からみれば、食行為には危険だけではなく、創造性や変革可能性も秘めている。その一つが、食行為の前提となる共食にともなう個人と個人、集団と集団との関係を結び直す機能である。

それ以外にも、「食べる」という行為は、「おいしい」とか「まずい」という感覚、「楽しい」、「嬉しい」という感情とともにある。生きる喜びや人を喜ばす行為にもつながっている。フランソワ・ラブレーの作品を題材として中世の民衆文化について読み解いた文学者のミハイール・バフチーンの言葉を以下に紹介しよう（写真２）。

> 飲み食いは、グロテスクな肉体の最も重要な生活現象である。この肉体の特徴は、その開かれた未完成性、世界との相互依存性である。この特質は、最も具体的に、一目瞭然たる形で、**食べる行為**において現われる。肉体はこの場合、その境界を越えて行き、のみこみ、貪《むさぼ》り食い、世界を引き裂き、自分の中に吸収し、世界を犠牲にして富み、成長する。**大きく開けた、かじり、引き裂き、噛む**口の中で行われる**人間と世界との出会い**は、人間の思考、心象の最も古くからある最も重要な主題である。ここで人は世界を味わい、世界の味を感じとり、世界を自分の体内に取り入れ、世界を自分自身の一部とする。（バフチーン 1973=1965: 247）（太字は訳書）

「飲み食いは、グロテスクな肉体の最も重要な生活現象である」というバフチーンの言葉は、食行為は人間の根源的な生の様式であり、人間という存在は身体の境界領域を常に侵犯しながら生きているということを示している。それは、人間の飽くなき生への渇望を意味しており、生きることの不確かさをねじ伏せるたくましさをも表している。さらに、人は食べることで、人と人との〈つながり〉、そして人と世界との〈つながり〉を実感しているのである。まさに、人間の「食べること」についての本質を言い当てているといえるだろう。

写真2：ガルガンチュアの食事。『フランソワ・ラブレーの作品と中世・ルネッサンスの民衆文化』より

参考文献

バフチーン、ミハイール　一九七三＝一九六五　川端香男里訳『フランソワ・ラブレーの作品と中世・ルネッサンスの民衆文化』せりか書房

ダグラス、メアリ　一九八三＝一九七〇　江河徹・塚本利明・木下卓『象徴としての身体：コスモロジーの探求』紀伊國屋書店

ファン＝ヘネップ　一九九五＝一九六九　塚本利明訳『汚穢と禁忌』思潮社

浜本満　一九七七＝一九〇九　綾部恒雄・綾部裕子訳『通過儀礼』弘文堂

ローラー、ロバート　一九九四「7　けがれ」浜本満・浜本まり子共編『人類学のコモンセンス――文化人類学入門』学術図書出版社

リーチ、エドモンド　二〇〇三＝一九九一　長尾力訳『アボリジニの世界：ドリームタイムと始まりの日の声』青土社

ターナー、ビクター・W　一九八一＝一九七六　青木保・宮坂敬三訳『文化とコミュニケーション：構造人類学入門』紀伊國屋書店

浮ヶ谷幸代　一九九五＝一九六九　冨倉光雄訳『儀礼の過程』新思索社

鷲田清一　二〇〇五「食事実践を飼い慣らす人たち：現代日本における糖尿病者の事例から」鈴木晃仁・石塚久郎編『身体医文化論Ⅳ　食餌の技法』慶応義塾大学出版会

一九九八『悲鳴をあげる身体』ＰＨＰ研究所

第3章

政治的身体 Body Politics

現代医療をめぐる現象を扱う際に、社会的身体という概念だけでは捉えきれない身体と制度、国家、権力との関係を理論的に押さえておく必要がある。そこで、ここでは第2部で現代的トピックスを扱うために、統治する主体の身体にかかわる「王の二つの身体」をめぐる議論とミシェル・フーコーが主張する「生－権力」の議論について述べたい。さらに、近代特有の権力が顕在化する例として、身体の規律－訓練化を求める日本の違式詿違条例を、また近代的権力が内面化する例として、フーコーの一望監視装置の仕組みをとりあげる。最後に、現代の日本社会でも生－権力が働いていることを、厚生行政の政策における政治的身体に関する議論を紹介しつつ述べておきたい。本章は、第2部の第5章の糖尿病、第6章の性同一性障害、第7章の老いることの意味について検討するための理論となる。

1 王の二つの身体から生－権力へ

ここでは、生理的身体と政治的身体との関係についてとりあげる。アーカイックな社会に限らず、王制の国の場合、統治者である王の身体は国民にとって特別な存在であると認識されている。王といっても、もちろん人間だから、生理的身体として死ぬ身体（可死の身体）をもっている。けれども、ここで問題にするのは、王の死なない身体（不可死の身体）のことである。王は不死なる身体をもち、永遠の生命をもつ存在と見なされている。

なぜ、そうなのか。一つには、王の身体と国との関係である。ここでは医療社会学者の市野川容孝の議論を参照しながら話を進めよう（市野川 2005）。

ミシェル・フーコーは『監獄の誕生』の冒頭で、18世紀にフランスで処刑されたダミアンの身体刑について描いている（フーコー 1977=1975: 9-11）。国王殺害を企てたダミアンが「四裂き」という極刑に処せられたというエピソードである。極刑とされた根拠は、ダミアンの犯した罪は法に違反する行為であり、その行為は制定者である王の身体に危害を加えたと見なされたからである。法には制定者である王の人格が宿っているかのように見なされる。したがって、法を犯す違反は王を傷つけることを意味し、王の身体を傷つけることと同等視される犯罪に見合うものとして極刑に処せられた、という解釈である。王の権力を他の臣民に見せつけるために、処刑を公衆の面前で行い、ダミアンの身体（生命）を奪ったということになる。処刑された臣民の身体と王の身体とを対置させることで、王が国の法の制定者であり、王の身体は国を体現するものとされたのである。

また、王が「死ぬ」ということは、臣民の集合体としての国が「死ぬ」(滅びる)ことを意味する。王とは国の存立を支える個々人の身体(生命)の集合体が一つに凝縮したものであり、それが化身した特異な身体をもつとされているのである。したがって、人々の身体(生命)の集合体を体現する王の生理的身体が死ぬことは、国や社会そのものが滅びることを意味する。そして、国や社会が永遠に滅びないように、王のもう一つの身体である政治的身体は不死の身体でなくてはならないのである。

こうした政治的身体を現す例として引き合いに出されるのはアフリカ、スーダンのシルック族の王の身体に対する扱い方である(メトカーフ・ハンティントン 1996=1991)。シルック族にとって、王とは、個々の王ではなく、数百年前に建国した不死の英雄「ニイカング」である。ニイカングは、後継者である王の身体に憑依《ひょうい》することで、シルック族を統治していると思われている。王が死ぬと、その遺体は葬儀をしないまま、小屋の壁に塗り込められてしまう。それは数ヵ月間、放置され、その後、骨が掘り出されて埋葬されるが、それは公開されないままである。

このことは、シルックの人々にとって、生理的身体としての王の遺体はほとんど意味がないことを示している。反対に、王が死ぬと、ニイカングは王の身体から離脱し、神殿内に祭られているニイカングの肖像にもどると考えられている。後継者である新しい王の即位式では、新たな王の軍勢と、ニイカングの肖像を掲げる軍勢との間で模擬戦争が行われる。結果は、新王の軍勢がニイカングの軍勢に敗れることになっている。その過程で、ニイカングは新王の身体に宿り、再びこの王が死んで肖像にもどるときを待つという仕組みである。この仕組みによって、シルック族の社会は、ニイカングの存在とともに不滅であり続けるのである。

いずれは死ぬ運命にある生理的身体と、国の存続のために不可死の存在である政治的身体とを生きる「王の二つの身体」という考え方は、アフリカだけのものではない。これは現代のヨーロッパにも存在し、例えば2005年4月2日に逝去したローマ法王ヨハネ・パウロ二世の後継者決定をめぐる一連の手続きにも見ることができる。

ローマ法王は、バチカン市国の元首であるだけでなく、カトリック大宗教の最高指導者でもある。人々がヨハネ・パウロ二世の生理的身体の死以上に関心を抱いていたのは、次期継承者はだれかという問題である。主権国家の元首であり宗教の最高指導者でもあるという政治的身体への期待は、継承者決定のためのコンクラーベ（次期法王の選出会議）による複雑な手続きや、そこに投入されるエネルギーと時間の長さからもうかがえる（朝日新聞 2005年4月4日〜21日付）。まさに、現代の人々のローマ法王に対する態度は、シルックの人々が王の政治的身体に期待する態度と同じものだといえるだろう。

さて、フーコーによれば、ダミアンが受けた極刑のような身体刑のあり方は、19世紀に入って消滅したという。王の権力を臣民に知らしめるような絶対王政の権力のあり方は、近代民主制期になると、別の権力に置き代わったというのである（フーコー 1977=1975）。

市野川によれば、絶対王政期の統治の主体は「王」であったが、19世紀以降、近代民主制期に入ると、統治の主体は「議会とそれを統治する市民の代表者」となる。絶対王政期において、国家の繁栄の指標となるものは、王の二つの身体で表象されたように、国や社会と同一視された王自身の身体の状態であり、王の身体が健康であることが国の繁栄を意味していた。また、その当時の国力とは、国土の広さであり、だれも居住しない不毛な土地であっても、領土を拡大していくことが国家の繁栄を示すものであった（市野川 2005）。

ところが、近代になると、国家の繁栄の指標として着目されたのは、国民の数すなわち「人口」である。産業革命のさなかにある近代国家にとって、生産力という面ではだれも住んでいない土地や不毛の土地は富を生み出さない。統治の対象は、領土ではなく、人口に取って代わられたのである。となると、国家が繁栄するということは、人口が増えるということであり、それを目指すために人口統制という国家の企てが試されるようになる。国民の総人口からはじまり、男女の人口比率、出生率、死亡率、罹病《りびょう》率、病人数、寿命など、国民人口の増減に影響を与えるこれらの指標は、国家の繁栄の条件とされ、統治の形態の基盤となっていくのである。

このことを評してフーコーは、「死なせるか生きるままにしておくという古い権力に代わって、生きさせるか死の中に廃棄するという権力が現われた」（フーコー 1986=1976: 175）という表現で、権力のあり方の変化を説明する。近代の権力とは、「生きさせるか死の中に廃棄するという権力」のことであり、それを「生－権力」と呼ぶのである。

なかでも、生に対する権力のあり方は、17世紀以降、二つの形態をともなって発展したという。一つは、機械としての身体に中心を定め、身体の調教、身体の適性の増大、身体の力の強奪、身体の有用性と従順さとの並行的増強、効果的で経済的な管理システムへの身体の組み込みという、身体の規律－訓練化を推し進める人間の身体の解剖－政治学である。もう一つは、18世紀以降の生物学的プロセスとしての身体に中心を据えた、繁殖や誕生、死亡率、健康の水準、寿命、長寿を調整する管理のあり方としての人口の生－政治学である（フーコー 1986=1976: 176）。言いかえれば、近代という時代は、一人ひとりの身体が政治や経済の考察の対象となり、出生率や長寿、公衆衛生、住居、移住といった問題に対処するために、身体を規律－訓練化する制度や住民を管理するテクノロジーが出現した時代なのである。

このテクノロジーを産出するために力を発揮したのが、個人の資産や労働力をも換算できるようにする人口統計学である。近代以降、欧米の主要都市で開催されていた万国衛生博覧会は、生にかかわる統計学的資料の展示をもとに、国家間の文明化の程度が一目瞭然になることによって、国家の序列化を可能にする装置として機能していた。

この政治のテクノロジーは、もはや強制的に働かせる必要はない。なぜなら、国民一人一人が、「身体を、健康を、食事や住居のあり方を、生活条件を、人間が生きる上での空間全体を、己《おの》が目的に取り込んでいく」（フーコー 1986: 181）からである。生－権力とは、「生命に対して積極的に働きかける権力、生命を経営・管理し、増大させ、増殖させ、生命に対して厳密な管理統制と全体的な調整とを及ぼそうと企てる権力」（フーコー 1986=1976: 173）のことである。また、社会を群れ・集団として把握し、集団の全体の福祉に配慮する権力のことである。衛生学、都市設計、人口統計学などを駆使しつつ、集団全体、住民全体の福利を推進することを目的としている。

日本の戦時体制下では、「産めよ増やせよ」のスローガンのもと、兵力の増強のために、国民人口を増加させる権力が働いた。つまり、人口は国力であり軍事力であり、男子には兵士としての健康で強靭《きょうじん》な身体が期待され、女子にはその兵士を再生産する母としての身体が期待されたのである。また、産業興隆のために、より富を産み出す健康な身体が労働力の源泉として期待されたのである。

現代の私たちの身体に生－権力がいかに働いているのかは、本章第3節で検討していくつもりである。次節では、身体の規律－訓練化を推し進める人間の身体の解剖－政治学の顕在化した例として、明治初期に地方行政レベルで公布された違式詿違《いしきかいい》条例と、規律－訓練化を自分の身体のうちに取り込んでいく主体化装置としてのパノプティコン（一望監視装置）についてとりあげる。

2 近代国家と規律・訓練化された身体

（1）身体管理の顕在化――違式詿違条例

違式詿違条例とは、日常生活における軽犯罪を取り締まる規定のことで、違式は故意の犯罪を指し、詿違は過失犯のことを指す。いわば、明治版の軽犯罪法である。

違式詿違条例は、東京では1872年（明治5）に、また大阪では1877年（明治10）に公布されている。目的は、外国人に接触する度合いが高くなるにしたがい、当局が国辱《こくじょく》的だと見なすようになった日本の風俗の矯正《きょうせい》である。公共物の破損、街頭へのごみの投棄、街路での通行妨害の禁止のほか、立小便、混浴、裸体歩行の禁止など、それまで当たり前だった生活習慣や風俗を規制することを意図していた。ふだんの日常的な振る舞いや行為、言動などを罰則の対象とし、そうした慣習的行為を文明化を目指す近代国家にとって「野蛮」と見なしたのである。違式詿違条例とは、身体やその振る舞い、行為を取り締まることで、近代にふさわしい身体を「文明開化」の名のもとに作り出していく装置でもある（小木・熊倉・上野 1990: 466–467)。

ところが、長い時間をかけて醸成《じょうせい》されてきた習慣や風俗を、一朝一夕で改めるのはきわめて難しい。人々の反発もあり、そうした事情も考慮したうえで、この条例は各地方の実状に合わせながら漸時施行されていった。国民に新たな社会秩序というものを喧伝《けんでん》し、教化していくために、説諭《せつゆ》的な言葉も添えられた錦絵が出版されている。この図版入り絵解きは、家屋内に張っておくことが目的とされていたもので、取り締まるというよりは説諭の効果に重きが置かれていたようである。

具体的にどのようなものであったか、図版を参照しつつ東京違式詿違条例を見てみよう。それまで習俗として一般的であったのに「野蛮」とされたものの筆頭としてあげられるのは、身体にかかわる条例である。違式の対象として、春画の売買、身体刺繍(刺青)、男女の混浴、裸体や片肌脱ぎ、男女相撲や蛇使い(醜態をさらすもの)、女装や男装、伝染病予防に関する規定の違反があげられている(図5〜7)。条例公布以前に、春画の禁止(1969年・明治2)や裸体の禁止(1971年・明治4)が布達されていたことから、西洋風俗を文明開化のシンボルとし、明治以前の風俗を「野蛮」「陋習《ろうしゅう》」(いやしい習慣)として改善の対象としていたことは明らかである。

農民や車引きの「片肌脱ぎ」は肉体労働者にとっては季節や労働に適応した身なりであり、また相撲や見世物興行、混浴も庶民の娯楽として生活の中で息づいていた。そして、刺青《タンセキ》や春画、異性装などは、すべての人の嗜好《しこう》ではなかったとしても、個人の嗜好の範囲内であった。それまで習俗として生活の中に根付いていたものが、「野蛮」「陋習」と見なされ、取締りの対象となっていくのである。なかでも、近代以前の文化が異性装という性の多様性を受け入れていたのに対して、近代以降の社会は男と女の境界を強制

「おめへさんはからだがいゝから、ほりものがはへやすぜ／おやかた、なきがほをまぎらすやうに、そこにあるわらいぼんでもごらんなさいな」

図5：「違式註違条例」の錦絵。『日本近代思想体系23　風俗性』より

「くすりゆはあつたまつていゝが、いれごみのときがあるからいやだよ／ごめんなさいごめんなさい」

図6：「違式註違条例」の錦絵。『日本近代思想体系23　風俗性』より

「からつゝねをだしてむまにのつているぜ、どけうなおとこだ」

図 7 :「違式詿違条例」の錦絵。『日本近代思想体系 23　風俗 性』より

「おつとあぶない、くさいくさい」

図 8 :「違式詿違条例」の錦絵。『日本近代思想体系 23　風俗 性』より

「おゝらいのまんなかへうしをおいてけんくわをしているよ」

図 9：「違式詿違条例」の錦絵。『日本近代思想体系 23　風俗 性』より

「おんまはひんひん、ぼつちやんはしいしい／あぶねへあぶねへ、おせてくれおせてくれ」

図 10：「違式詿違条例」の錦絵。『日本近代思想体系 23　風俗 性』より

的に二分する方向へと進んでいく。この問題は、第6章で改めてとりあげる。

また詿違の対象として、理由なく断髪する女性、蓋のない糞尿桶の運搬者、喧嘩や口論で騒ぐ者、トイレ以外で小便する者、店先で子供に大小便させる者、街中で大声で歌う者等があげられている（図8〜10）。糞便は田畑を耕す者にとっては貴重な肥料であり、蓋をしたり隠したりするようなものではなかったろうし、男性の排尿、子どもの排便や排尿は、それほど場所を選ぶことではなかった。街中で喧嘩をしたり、大声で歌ったりという言動も江戸の町では当たり前であり、それが江戸の文化であった。ほんの少し前までは当たり前の習俗であったことが改良の対象とされ、改良できないものは罪人として処罰の対象となったのである。しかし、こうしたやり方は、人々にかなりの無理を強いることになり、反発を招いていたというのもうなずける。絵入り図版には、そうした当局や警察官の無理強いに対して、粋や人情、気質《かたぎ》といった江戸文化の心性でもって、はぐらかしたり笑い飛ばすことでガス抜きしていた当時の庶民が描き込まれている。

興味深いのは、文明開化や西洋のライフスタイルの象徴である「断髪」もまた、刑罰の対象となっていたことである。急激な近代化に対する警戒ともとれる断髪を規制する違式詿違条例は、近世法と近代法の狭間にあって新たな価値観を模索する人々の姿を浮きぼりにしている（小木 1990: 466）。

違式詿違条例の実刑には、情状酌量の余地が残されていたとはいえ、それまで習俗として身についていたことを「わかっていてやってしまった」「うっかりやってしまった」ということであっても、厳しいものがある。違式罪は、75銭から1円50銭の罰金刑、払えない場合、10回から20回の笞罪《ちざい》（むちうち刑）である。また、詿違罪の場合、1日ないし2日間の拘留となっている。佐賀の乱、東京平均米価の急騰、徴兵

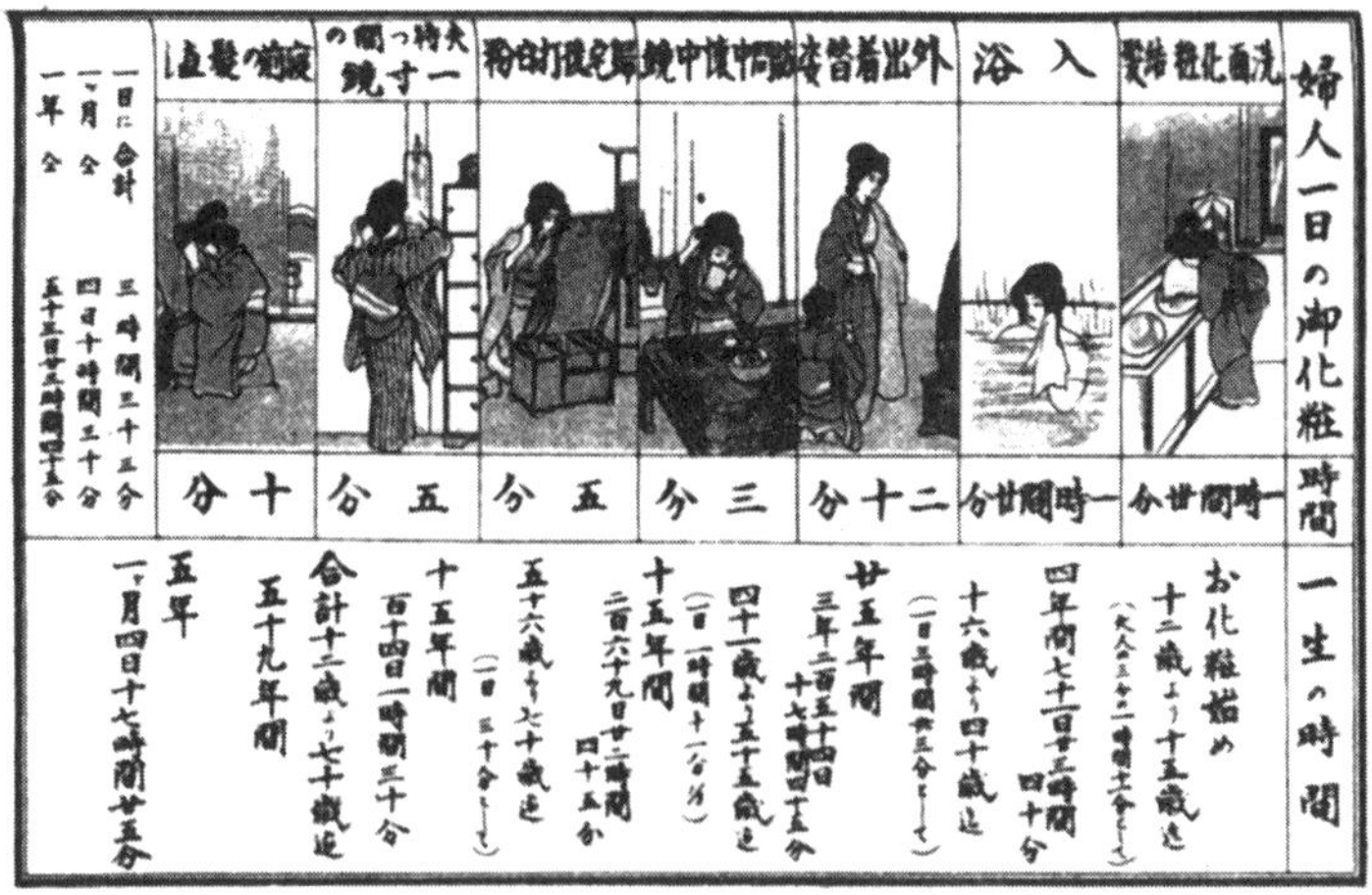

図11：「女人一日の御化粧」『衛生展覧会の欲望』より

令、地租改正、明治6年政変、農民一揆等、時代の転換期ゆえの不穏な社会情勢を考慮すれば、こうした明治政府による風俗統制は、日本近代の単なる軽犯罪法というよりは、国家権力が国民に対してとった身体を規律−訓練化する装置に他ならないといえるだろう（小木・熊倉・上野 1990: 470）。

もう一つ、身体を近代のデジタル時間で規制する例として、1919年（大正9）に開催された衛生展覧会の一つ「『時』の展覧会」がある。衛生展覧会とは、19世紀に世界規模で流行したコレラ、結核などの感染症対策のために開催された万国衛生博覧会の国内版である。万国衛生博覧会は万国博覧会と時を同じくして、欧米の主要都市を中心に開催されていた。途中から日本も参加し、展示している（浮ケ谷 2005）。

作家、田中聡によれば、大正期になると、衛生展覧会はブームとなり、東京教育博物館が会場となって頻繁に開催されるようになる。「『時』の展覧会」の開催前に、服装、住宅、家具、食物、社交儀礼、冠婚葬祭、贈答慣行など、生活全般にかかわる「生活改善展覧会」が開催され、「生活改善運動」が進められていった。これは、欧米での生活様式の中で求められている経済化・効率化・合理化の影響を受けてはじまったものであり、それまでの日本文化に根付いていた生活様式を合理的な「文化生活」に変えていく啓蒙《けいもう》装置といえるものであった（田中 1994）。

そうした運動に連動する形で開催されたのが、「『時』の展覧会」である。なかでも、そのとき展示された展示図表が大変興味深い。田中の著書を参照してみよう。それは、「婦人一生のお化粧時間」と、「婦人結髪時間」と題した展示物である。

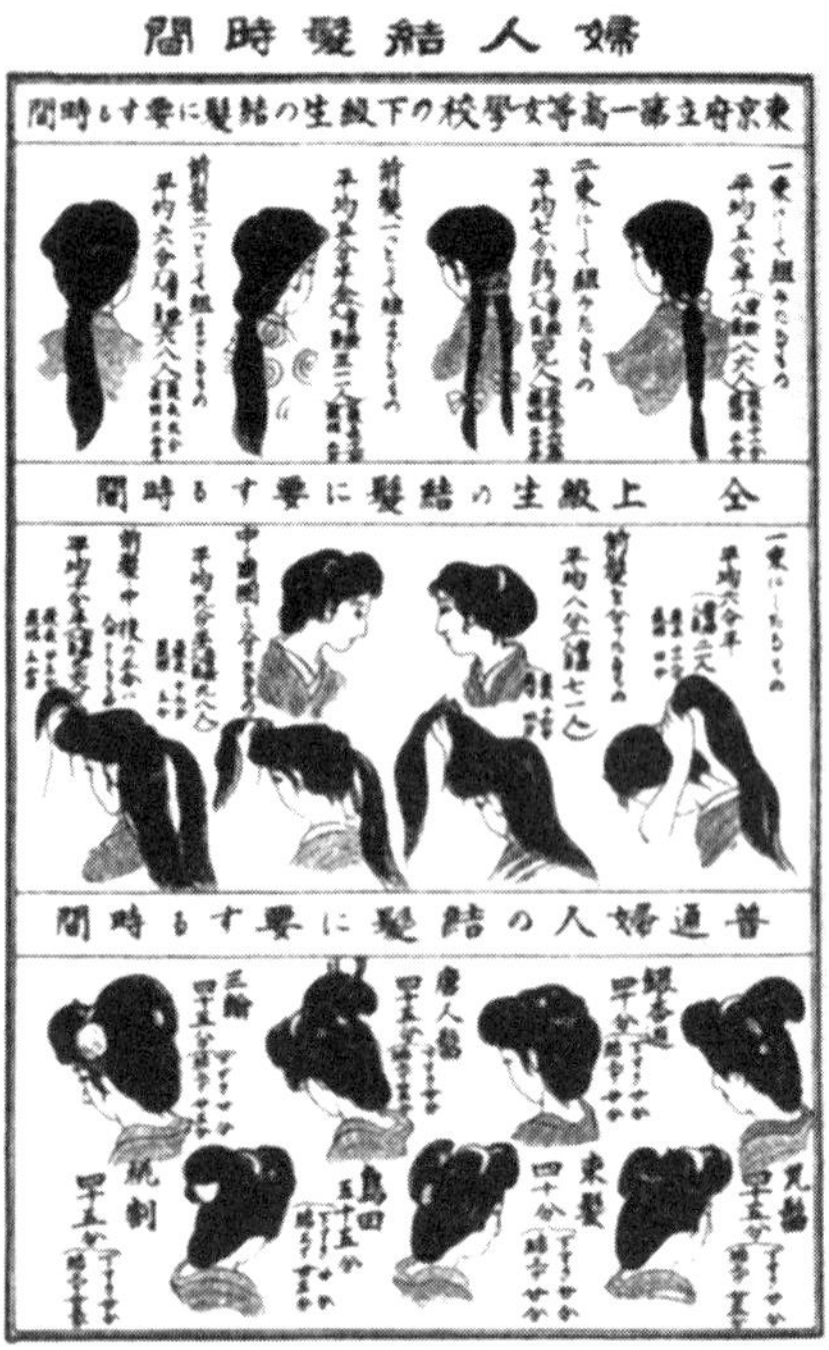

図 12：「婦人結髪時間」『衛生展覧会の欲望』より

図11によれば、女性が一日のうち身支度や身だしなみにかける時間を、「洗面・化粧・結髪」（1時間30分）、「入浴」（1時間20分）、「外出着替姿」（20分）、「訪問中懐中鏡」（3分）、「帰宅後打白粉」（5分）、「夫待つ間の一寸鏡」（5分）、「寝前の髪直し」（10分）と分けたうえで、一日の合計時間（3時間33分）、一ヵ月の合計時間（4日10時間30分）、1年の合計時間（53日23時間45分）と計算している。さらに、女性のライフサイクルに合わせて算出し、一生のうち、どれだけ身支度、身だしなみに時間を費やしているかを数字で示している。また、

図12では、髪の結い方を3つの世代に分け、下の世代にいくにしたがって、いかに結髪時間が短縮されているかが示されている。いわば、民俗的な時間観念が、合理的な文化生活を目指すことで普遍的な世界時間へと変容を迫られる例である。

ところが、理想とする「文化生活」が実行可能な階層は中流以上の家庭であって、一般庶民の実態は従来の結髪で生活を送っていたようである。理想とされるライフスタイルと実際の生活とのギャップはあるとしても、興味深いのは、日本が文明国家の仲間入りを果たすために、習俗や個人の嗜好の範囲内だった女性の身支度や結髪の形さえもが、合理化の対象にされたことである。

さらに、1929年（昭和4）になると、「栄養改善展覧会」が開催され、偉人の脳の重量や、脳の酸素消費量が人種や年齢によってどう変わるか、また人の動作や職業に関する所要熱量が職種や動作によってどう変わるかを算出し、数字で示している。食物に関しては、熱量やビタミンの含有量が数字によって示されている（田中 1994: 105）。こうして、統計学による身体のテクノロジーを駆使した計量可能なまなざしが、人体の中の不可視の領域にまで分け入ることになる。万国衛生博覧会で統計学的な数字の提示によって、文明度を推し量り国家の序列化が図られたように、国内においても統計学のテクノロジーによって、国民に対して優劣の線引きが行われ、かつ序列化が進められていくのである。身体が数値によって評価の対象となるのは、現代の健康診断の検査値に対する評価と重なるが、これは第5章で糖尿病の血糖値を例にとりあげる。

以上のように、違式詿違条例や衛生展覧会の展示内容を通して、近代国家の確立のために振る舞いや行動、身だしなみ、身支度、性的な振る舞いなど、それまで習俗であったものが、「野蛮」「陋習」という名指しのもと、禁止や処罰の対象となっていく近代特有の権力のあり方を見てきた。ここに、極刑に処するという近代以前の権力ではなく、一人ひとりの身体を規律－訓練化し、生活領域の微細な部分にまで入り込んでいく近代の権力のかたちが顕《あらわ》れているといえよう。

（2）身体管理の内面化――一望監視装置

（1）では、近代の権力のあり方として、身体の規律－訓練化のために説諭や軽微な罰則を外部から与えることによって、振る舞いや行動を矯正する装置について述べた。ここでは、振る舞いや行動の規律－訓練化を、外部からの強制的な力によってではなく、本人のうちに内面化していくことによって行う近代特有の権力のあり方について述べる。

規律－訓練化された身体を産み出す近代特有の装置として、フーコーが述べているパノプティコン（一望監視装置）をとりあげよう。フーコーによれば、この装置は、建築家のベンサムによって考案されたもので、合理化、効率化を求めた近代特有の施設、病院、監獄、工場、学校などに適用される装置である。権力を行使する主体が顕在化している説諭や刑罰とは異なり、空間の配置と時間の配置によって権力が行使されるという、権力の遍在化を実現する装置のことである（フーコー 1977=1975）。

それは、どのような構造なのだろうか。図13と図14で示すように、中央に監視人を一人配置し、各独房には狂人、病人、受刑者、労働者、生徒などを閉じ込める円形構造である。受刑者は、完全に個人化され、中央から可視的であり、常に見られ続ける状況にあるが、監視者を見ることはできない。フーコーは次のように言う。

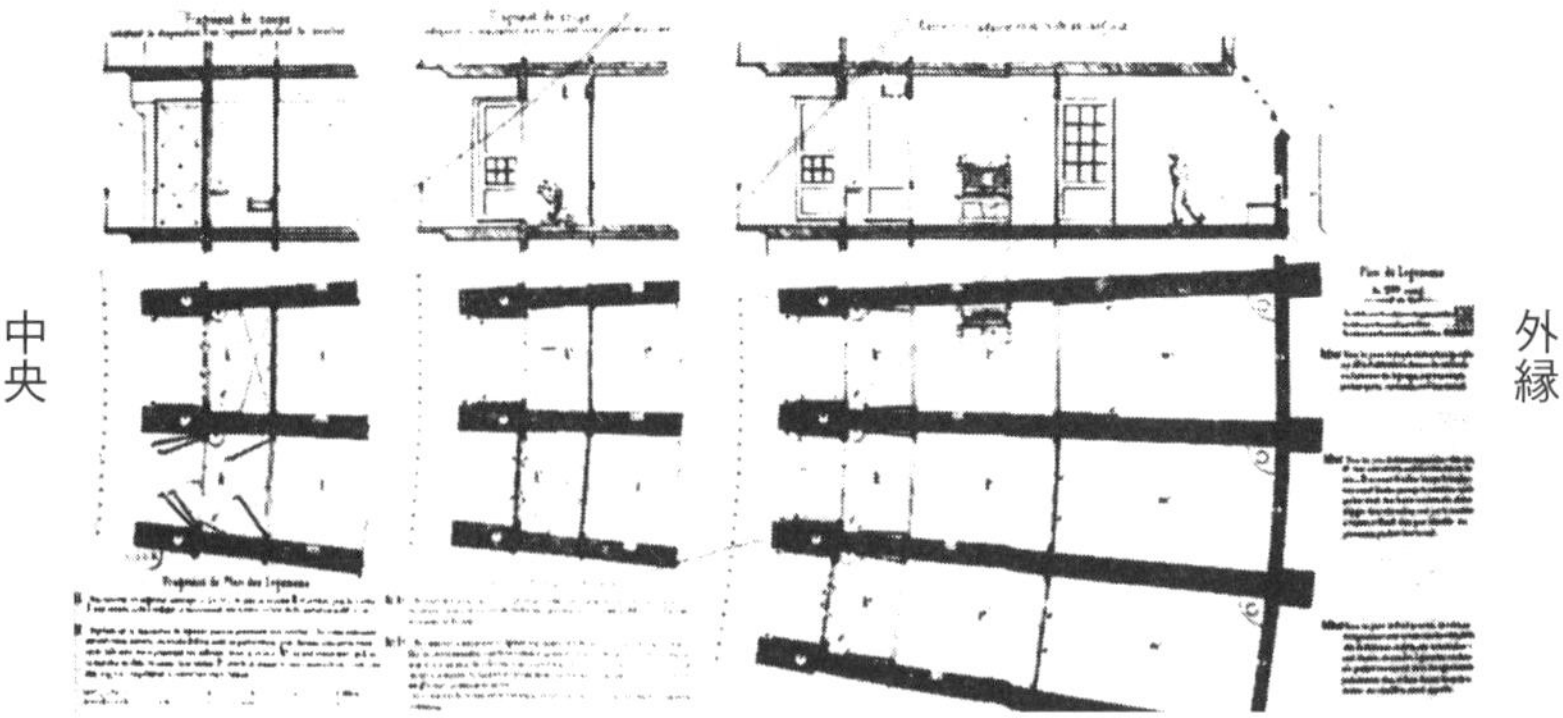

図 13：パノプティコン。『監獄の誕生』より

図 14：パノプティコンに収監された囚人。『監獄の誕生』より

〈一望監視装置〉は、見る＝見られるという一対の事態を切離す機械仕掛であって、その円周状の建物の内部では人は完全に見られるが、けっして見るわけにはいかず、中央部の塔のなかからは人はいっさいを見るが、けっして見られはしないのである。（フーコー 1977=1975: 204）

つまり、一望監視装置とは、受刑者は監視者から見られても、自分からは監視者を見ることができないのであり、それゆえに受刑者は情報伝達の客体であっても、情報伝達の主体には決してなりえないという建築物の構造のことである。受刑者に関する情報のみが監視者に届くだけであり、その逆はありえない。情報の流れは一方向に固定され、情報を所有する主体と情報を提供する客体との絶対的で不均衡な関係が生じる。また、受刑者は独房の隣同士のやり取りや接触は閉ざされ、隔離され、見つめられるだけの孤立した存在となる。

この装置の主要な効果は、権力が自動的に働いていることの永続的な自覚を受刑者に植えつけることである。いわば、「24時間中央から監視人が見てますよ。よからぬことをたくらんでもすぐにわかりますよ」というメッセージを受刑者に与えつつ、それを常に意識させておくことなのである。たとえ、中央の塔に監視人が不在であっても、受刑者はそれを知ることができない。常駐していると思い込まされているからである。いや、この装置は監視者が不在でもなんら不都合はない。受刑者は監視されていることをすでに知っているからである。フーコーの言葉を引用しよう。

この建築装置が、権力の行使者とは独立した或る権力関係を創出し維持する機械仕掛けになるように、要するに、閉じ込められる者が自らがその維持者たる或る権力的状況のなかに組み込まれるように、そういう措置をとろう、というのである。（フーコー 1977=1975: 203）

この装置によって生み出される権力とは、具体的な人格の主体によって行使されるのではなく、身体・表面・光・視線によって配置される仕掛け（建築物の構造）の中にある。いわば、この仕掛けは権力を自動的なものにし、没個人化する装置である。したがって、この装置には、鉄格子も、鎖も、重い錠前も不要であり、独房が区分けされ、入り口と窓がきちんと配置されるだけで十分なのである。

つまり可視性の領域を押しつけられ、その事態を承知する者（つまり被拘留者）は、みずから権力による強制に責任をもち、自発的にその強制を自分自身へ働かせる。しかもそこでは自分が同時に二役を演じる権力的関係を自分に組込んで、自分がみずからの服従強制の本源になる。（フーコー 1977=1975: 204-205）

こうして、監視される者の心の内側に第二の監視者が生まれる。すなわち、身体を拘留された者は精神の被拘留者にもなるというわけである。何やら背筋が寒くなる話であるが、これが空間配置による主体化の装置というフーコーの描く近代特有の権力のあり方なのである。

さらにフーコーは、性の主体化装置として、教会の告解について言及している（フーコー 1986=1976）。

ヴィクトリア朝時代に非道徳的と見なされていた性の振る舞い方やそれにともなう感情を教会の告解の場で語ることによって、その行動の主体となっていくメカニズムを描き出している。告解という語る行為それ自体によって、告解者は性にかかわる振る舞いや行動を自分のアイデンティティとして構築していくのである。第6章でとりあげる「性同一性障害」の治療のガイドラインには、患者がカウンセリング療法の中で自分が「性同一性障害者であること」を示す物語を語ることによって、性同一性障害者としてのアイデンティティを構築していく装置が組み込まれている。

以上のように、権力を内面化する装置は、一方で道徳を改善したり健康を保持したり、教育を普及するための仕掛けであり、社会が産業や経済の発展を達成するためには、すこぶる機能的、合理的な装置となる。他方で、この装置に組み込まれた個人は、身体の細部の動きから身体相互の空間的関係を含んだ領域に至るまで、配分・逸脱・系列・組み合わせについて分析され、可視化され、記録され、差異化され、比較されることになる。近代社会では、一人ひとりの身体が規律 - 訓練化する外からのまなざしによって、また自らを規律 - 訓練化する内面からのまなざしによって、政治的身体として構築されていくといえるだろう。

3　生 - 権力とセルフ・コントロール

さて、もう一度、近代特有の生 - 権力という装置について振り返ってみたい。近代に生まれた人口統計学を駆使して産み出される生 - 権力とは、生命に対して積極的に働きかける権力のことであった。生命を経営・管理し増大（生産）させ、増殖させ、生命に対して厳密な管理統制と全体的な調整を及ぼそうと企てる権力のことである。この権力は、社会の構成員一人ひとりの身体と生命を明るみに出すものであり、単に身体を強制的に支配することを目指すものではない。むしろ、規律‐訓練化するメカニズムを内面化させることで、身体の内部にまで入り込み、それを拡張していくことを企てる権力である。

これは、学校、工場、病院、監獄において、規律を重視し、個人がどのような人間であり、どのような能力をもつ人間であるのかに目を配り続ける権力である。言いかえれば、人々の心の隅まで監視し、管理し、訓練し、調教し、そのことで国民一人一人を、主体的に労働し、主体的に服従する個人に作り上げていく権力であるといえる。現代社会になると、とりわけこの権力は国家制度や市場経済を介して、一人ひとりに内面化された装置としてもっとも効果的に働くことになる。

ここでは、生‐権力が現代日本でも働いている例として、1970年代以降、セルフ・コントロールの理念が埋め込まれた厚生行政の言説を検討する。セルフ・コントロールという言葉は、生活習慣病という言葉が社会に流布されたときクローズアップされたが、その理念のルーツは1970年代の健康づくり政策の言説に遡《さかのぼ》ることができる。

当時、旧厚生省は「健康づくり」構想を掲げ、1978年の第一次国民健康づくり対策から1988年の「アクティブ80ヘルスプラン」と名づけられた第二次国民健康づくり対策へと展開していった。後者の目的は、国民の健康づくり体制を保健医療機関主導ではなく、国民自らの主体的参加によるものへと構造転換することであった。このプランには、全国の労働者を対象にした「トータル・ヘルス・プロモーション・プラン」が含まれており、自ら生活を再構成し、健康生活を主体的に創出していくという健康主体を創り出す方策が込められていた。

1989年の『厚生白書』には、国民の健康増進のために人々の主体的な参加を要請した文言がある。

単に『健康を守る』にとどまらず、一歩進めて積極的に自ら健康を増進するよう取り組んでいくことが必要である。（厚生省編 1989: 73）

この文言から読みとれるのは、健康というのは「守る」のではなく、積極的に自らに働きかけることによって獲得できるとする、まさに近代特有の「生きさせる権力」の働きである。しかも、「あなたの健康のため」というメッセージに乗せて、である。また、第二次国民健康づくり対策には、今日の生活習慣病対策の萌芽ともいえる国民の生活習慣に着目する視点が盛り込まれている。

広く国民に適切な運動を行う習慣が普及することにより、国民の生活習慣そのものを運動、栄養、休養のバランスのとれたものとする。（厚生省編 1989: 73）

ここでは、個人の生活習慣が主軸に据《す》えられ、「運動、栄養、休養のバランス」というあるべき生活習慣を「健康づくり」の目標とすると同時に、その対象を国民全体に拡大していく様子が見てとれる。7年後に提言される生活習慣病という病名とその対策のためのレールがすでに敷かれていたのである。

さらに、旧厚生省は2000年に「健康日本21」というスローガンを発表し、その政策指針として

「健康寿命」という概念をもり込んだ。

すべての国民が健やかで心豊かに生活できる活力ある社会とするため、壮年期死亡の減少、健康寿命の延伸及び生活の質の向上を実現する。（生活習慣病予防研究会編 2000: 2, 8）

「壮年期死亡の減少」「健康寿命の延伸」「生活の質の向上」という3つの目標から見えてくるのは、フーコーの「身体を、健康を、食事や住居のあり方を、生活条件を、人間が生きる上での空間の全体を、己が目的に取り込んでいく」（フーコー 1986: 181）という生－権力の装置である。それを支えるのが、「健康である自分」を目標とし、健康寿命の延伸のために生活全体を制御するセルフ・コントロールという理念なのである。健康寿命という概念は、第5章の生活習慣病の病因論や、第7章で取り上げる「活力ある高齢者像」へと続く概念である。

健康寿命という概念の前に、セルフ・コントロールの理念を基盤とする「生活習慣病」という病名が1996年に生まれている。「生活習慣病」を治療するうえで、なぜセルフ・コントロールの理念が要請されたのか、またその結果どのような問題が浮上してきたのかについては、第5章で検討する。ここでは、18世紀から19世紀に生まれた生－権力という近代の権力が、21世紀の今日でも働いているということを指摘するだけにとどめておこう。

セルフ・コントロールという理念を臨床の場で具体化したものが、糖尿病者のための患者教育である。患者は、知識教育、実践教育、情操教育を通して、自己や身体に規範的なまなざしを配置しながら、自らの治療実践に向き合っていく。ここに映し出されるのは、「やればできる」というセルフ・コントロールの理念が患者一人一人に内面化されていく姿である。自己へのまなざしを内面化することを目標とすることの理念は、ときとして「病気であること」に主体的に向き合えない人や、生活態度を変化させようと思ってもできない人を窮地に陥らせることになる。

ところが、「このままでいい」「できなくてもいい」というような、セルフ・コントロールの理念からはずれる方策や技法を身につけている糖尿病者たちもいる。このことは、権力のあるところにこそ抵抗が生まれると指摘したフーコーの言葉を裏打ちするかのようであり（フーコー 1986=1976: 123）、詳細は他の拙論（浮ヶ谷 2000; 2004）を参照してほしい。また、これについては、第5章で「生－権力からはずれる身体」として論じている。

参考文献

朝日新聞　二〇〇五年四月四日〜四月二一日付

フーコー、ミシェル　一九七七＝一九七五　田村俶訳『監獄の誕生——監視と処罰——』新潮社

一九八六＝一九七六　渡辺守章訳『性の歴史Ⅰ　知への意志』新潮社

市野川容孝　二〇〇五『身体／生命』岩波書店

厚生省編　一九八九『昭和63年度版厚生白書：新たな高齢者像と長寿・福祉社会をめざして』厚生統計協会

小木新造・熊倉功夫・上野千鶴子　一九九〇『日本近代思想体系23　風俗　性』岩波書店

生活習慣病予防研究会編　二〇〇〇『2000生活習慣病のしおり』社会保険出版社

田中聡　一九九四『衛生展覧会の欲望』青弓社

浮ケ谷幸代　二〇〇〇「医療的言説に抗する身体」、『現代思想　特集　健康とは何か』

二〇〇四『病気だけど病気ではない：糖尿病とともに生きる生活世界』誠信書房

二〇〇五「衛生展覧会と人体模型そして生人形」桜井準也編『考古学リーダー3　近現代考古学の射程：今なぜ近現代を語るのか』六一書房

第2部

実践する身体〈応用編〉

第4章

身体をめぐる自己と他者

自己と他者との関係は、人類学だけでなく社会学や哲学、心理学の領域でも重要な課題である。ただし、それぞれ切り口が異なるため、同じ現象を目にしても、それを読み解く視点はおのずと異なってくる。これまで人類学は、世界各地の人々の日常生活の中に現れる自己や身体についての見方（自己観、身体観）というのは、近代以降に現れた「統合された自己」「首尾一貫した自己」「他者から分離された身体（個別化された身体）」という見方とは隔たっていることを示してきた。現代社会で、自己や身体に関する私たちの体験はどのような見方を必要としているのだろうか。ここでは、臓器移植のレシピエントや精神の病いとともに生きる人たちを例に、自己の身体と移植臓器、自己と幻聴、自己を取り巻く他者をどう捉えているのかについて考えてみたい。

1 私とあなたは同じ？

人類学の調査は、欧米諸国とは異なるアーカイックな社会を対象とすることが多いため、自己観や身体観が近代的な欧米のものとは異なった形で現れてくる。アーカイックな社会では、身体というものがどのように観念されているのかについて、今日の生物学や生理学の説明とは異なる独自の説明の仕方がある。また、自己と他者との関係において、他者を自己と分離した独立の存在として捉えるのではなく、自己と他者との同一性や自己の内部に存在する他者、または関係性によって浮上する自己といったさまざまなあり方があることが示されている。

人類学者のエドモンド・リーチは、社会的存在としての人間は他者や周囲の人との関係の中に埋め込まれているため、ケガレという現象として突出してくる境界を意識し、そこに何らかの方策を立てない限り、自己は明確な境界をもつことができないと主張する。

人が社会のなかで生きる限り、彼は孤立した存在ではないし、はっきりした境界ももっていない。つまり彼は権力と支配の諸関係のなかで、あるネットワークのなかで、他の人間と連絡しあいながら存在するのである。権力はこの意味で人と人との相互的なつながりの間という、不明瞭な境界に存在している。つまりこの逆説とは次のようだ。(i)かりに私がすべての境界の穢《けが》れから身を浄めるなら、私は自分が何ものかを完全に確信できるのであるが、(ii)境界の穢れを伴わない全く清潔な「私」は、

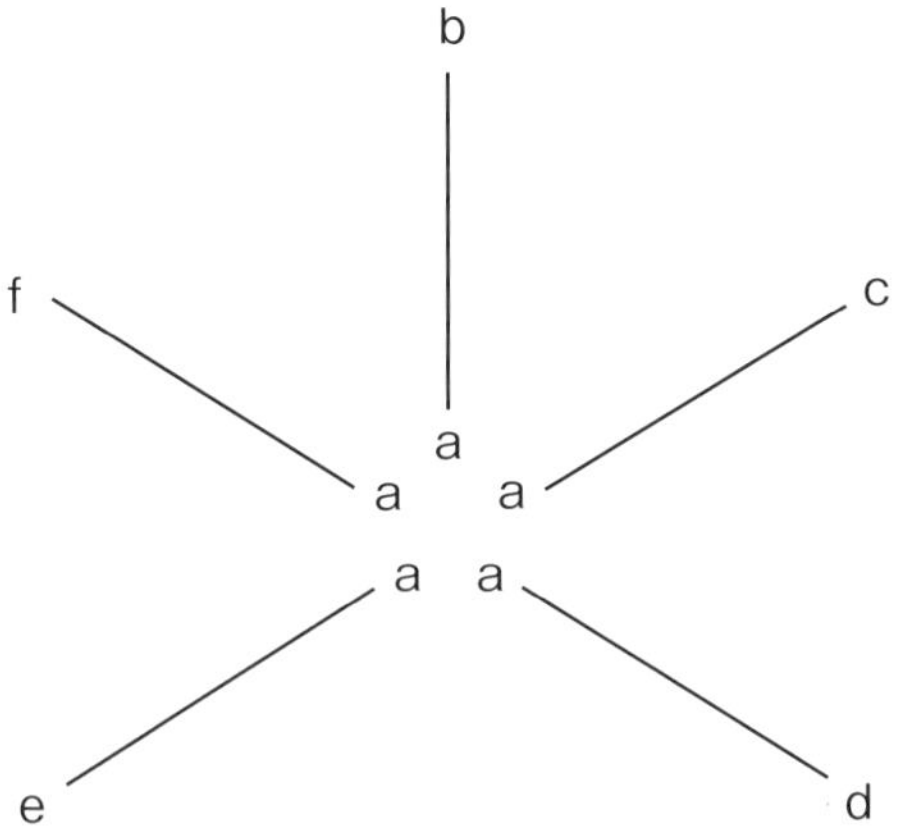

図 15：『ド・カモ』より

外界や他の人々との間に相互的な関係をもつことがないであろう。そのような私は他者の支配から自由であろうが、逆に全く無力であろう。（リーチ 1981=1976: 130）

自己が他者との不可分の〈つながり〉の中に存在するから、あえて境界のケガレから身を清める。他者との共同作業としての儀礼、手続き、作法を通して、その結果として他者とは異なる自己を発見できるのである。ケガレをともなわないような存在は、他者や関係性から自由であるけれども、人との〈つながり〉の機会は失われているというわけだ。

自己と他者との区分が前提とされていないことは、ニューカレドニアのカナク社会における人格概念にもうかがえる。カナク社会の人々は、自分を他者と独立した存在としては認識していない。人々は自分が他者と取り結ぶ社会関係の働きの中で、それなりの役割を果たしている程度に実在するだけである。図15を見てみよう。さまざまな関係を示すa-b、a-c、a-d、a-eという線は、自分と父親、自分と妻、自分とおじ、自分といとこという諸関係を表している。そしてこの諸関係によって現れてくる複数の a はレプリカのようなものであり、関係から独立して自己を位置付けることはできないというのである（レーナルト 1990＝1947: 266）。自己と他者の連続性（不明瞭な境界）を出発点とし、自己のアイデンティティを確信するために、境界に対する文化装置が発動される必要がある。そうすることで、人と人との関係性が担保されるという人類学の視点は、自己と他者との明確な区分を出発点とし、相互の関係性を見ていくという社会学の視点と異なるところである。

さて、自己と他者や外界との境界を意識させるのは関係性だけではない。皮膚をはじめとして身体の表面に現れる分泌物や排泄物の存在は境界を強烈に打ち立てる、とリーチはいう。

> 清潔／穢れの対立には心理学的に深い根拠がある。子供は誰も自己同一性の意識を発達させるにつれて、必然的に「僕は誰？」「僕自身の境界はどこ？」という疑問を抱くようになる。身体の脱けがら《イグジューヴィアル》が特に厄介な問題をもたらす。「僕の便、僕の尿、僕の精液、僕の汗、それは僕の一部だろうか、一部でないのだろうか」。これを今述べていることに結びつけると、身体の穴は門にあたるし、すべての脱けがらは儀礼的損傷の副産物と同じ「場ちがいなもの」となる。こうして脱けがらは、論理上タブーの焦点になる。（リーチ 1981＝1976: 129–130）

第2章で述べたように、身体と外界とを隔てる体表面として皮膚があり、それは老化したら垢となり、頭皮だったらフケとなる。それだけでなく、身体から外界に出て行くものに、髪の毛、便や尿、汗、唾液、精液、月経血など、分泌物や排泄物もある。こうした身体の一部であったものが、つまり自己の一部であったものが、身体から離れるとき、それは自己なのか他者なのか、それともいったい何なのか、という問いが浮上する。それは自己でもなく他者でもない、きわめて境界的な存在であり、自己と他者や外界との境界にあるあいまいさや不確かさを顕在化させる。だからこそ、アーカイックな社会では、こうした身体の一部は、第2章で述べた成人儀礼の身体変工の対象となったり、危険視されて呪術の道具として使われたりするため、ことのほかその処分には注意を払うのである。

では、他者の身体の一部が自己の身体の一部として移植されるとしたら、いったいそれをどう考えればよいのだろうか。

2 臓器はだれのもの？

人体の一部としての髪の毛、便や尿、汗、唾液、精液、月経血などは、きわめて境界的な存在であり、アーカイックな社会では呪術の道具として使われると述べた。こうした人体の一部は、呪術の道具になるだけでなく、病いやケガの治療の道具にもなる。臓器移植の話の前に、少し寄り道をしたい。

中国文学者の武田雅哉によれば、16世紀末に刊行された中国の『本草綱目』は鉱物、植物、動物の順に記載されているが、動物の項目の最後に「人部」というのがあるという（図16）。この「人部」は、頭髪、頭垢、耳塞、膝頭垢、爪甲、牙歯、人屎、人尿、乳汁、婦人月水、人精、口津唾、人血、人汗、眼涙、髭鬚、陰毛、人骨、人肉、人魄（魂）などに分けられ、その薬用法が記されている。例えば、耳垢には蛇やムカデに噛まれた傷に効果がある。蛇に噛まれたら、耳垢をミミズの糞で練ってから塗るとよいそうだ。

腫れ物で痛みが激しいときには、耳垢で封じるとよいとも書かれているという（武田 2005: 19）。ここで紹介されている項目の多くが、身体表面や身体内部からの分泌物であり、排出物であることに注目したい。

武田は、『本草綱目』の「人部」の記述に見出せる人間観に、「しょせん人間も『モノ』にすぎないのだ」という中国人の冷徹な哲学を見てとる。けれども、薬効という力が付与された人体の一部が呪術や治療の道具になるという意味では、それが良いか悪いかは別として、単なるモノというよりは何らかの効力を生み出す存在であることに間違いはなさそうだ。危険視されるということは、並外れた力があるということであり、それはまさに身体の境界領域に位置するがゆえに与えられた力なのであろう。

では、現代社会で人体はどのように扱われているのだろうか。その一つの例として先端医療における移植臓器について考えてみたい。

人の一　凡三十五種　附二條

髪髲 本經　亂髮 別録　頭垢 別録　耳塞 日華
膝垢 綱目　爪甲 綱目　牙齒 日華　人屎 別録
小兒胎屎 綱目　人尿 別録　溺白垽 唐本 即ち人中白。
秋石 蒙筌　淋石 嘉祐　癖石 綱目　乳汁 別録
婦人月水 嘉祐　人血 拾遺　人精 嘉祐　口津唾 綱目
齒垽 嘉祐　人汗 綱目　眼淚 綱目　人氣 綱目
人魄 綱目　髭鬚 證類　陰毛 拾遺　人骨 拾遺
天靈蓋 開寶　人胞 拾遺　胞衣水 拾遺　初生臍帶 拾遺
人勢 綱目　人膽 拾遺　人肉 拾遺　木乃伊 綱目
方民 綱目　人傀 綱目

図16：『本草綱目』「人部」の目次。『新註校定　國　本草綱目　第十二冊』より

移植医療は、心身二元論に基づいた身体観を前提としている。身体の一部である臓器は、交換可能な「モノ」であり、そこには生前の持ち主の人格や「こころ」は不在であり、単なる生物的な物体（細胞レベルでは生きているモノ）であるという認識がその底にある。

移植医療の形態には、まず、ドナー（臓器提供者）となる生物種の違いによって、異

種間移植（ブタからヒトへの皮膚移植など）と同種間移植（ヒトからヒトへの移植）とがある。さらに、同種間移植は、生体移植（腎臓、肝臓、肺など）、死体移植（心臓死後の移植で、腎臓、膵臓、角膜、骨、皮膚など）、脳死移植（脳死後の移植で、ほとんどの臓器）に分けられる（小松 2002）。ここでは、生体腎移植の例と脳死からの心臓移植の例についてとりあげたい。

臓器移植をめぐる倫理的な問題については、日本では初の脳死・臓器移植法が１９９７年に成立する前後、専門家や識者を交えて社会的に活発な議論がなされた。続いて、２００９年には、国会でいくつかの代替案が提出され、なかでも移植医療を推進させるための修正法案が可決されている。倫理的問題やその議論に関心をもたれる読者は、多くの文献が刊行されているので、そちらを参照していただきたい。

ここでは、臓器移植をめぐる現象を倫理の観点から見ることはしない。移植臓器を受けた体験者の語りから、身体の一部である臓器をめぐって自己と他者との関係がどう捉えられているのか、検討してみたい。その結果として、臓器移植の前提となっている臓器提供者の匿名性という問題について、疑義を呈することになる。

移植臓器に人格が宿ることの意味を解明した人類学者の出口顕は、生体腎移植の体験者《レシピエント》から興味深い話を聞き取っている。臓器を移植した患者の中には、移植を契機に「自分の中に他人がいる」という思いを抱き、そのことから「自分とは何か」というアイデンティティの危機を経験している人がいる。出口の聞き取り調査から二人の話を紹介しよう（出口 2005）。ただし、以下の事例は要約したものである。

Uさん：男性34歳、母親から腎臓提供を受ける

移植時に、Uさんは腎臓が自分の身体に定着するようにと（拒絶反応を起こさないようにと）、母親の腎臓と自分の身体との同一化をイメージしていた。ところが、移植後、自分ではない何者かの存在を身体レベルで実感する。移植前10年間透析を導入していたため、排尿の感覚を忘れていたが、移植後、排尿する度に排尿できるのは母親の腎臓のおかげであり、母親の意思と愛情によってなのだという思いがあった。生体移植の場合、ドナーは匿名ではないので、「自分ではない何者か」とは母親のことである。時間がたつにつれ、排尿時の実感は薄れてきたが、移植された腎臓が通常の位置ではなく腹部の中央にあるため、母親の腎臓であるという感覚は半永久的になくならないだろうと語る。移植腎との折り合いを見つけているように思えるUさんは、移植後の免疫抑制剤の服用で、頭痛と下痢の症状で悩まされている。（出口 2005）

Mさん：女性31歳、姉から腎臓提供を受ける

移植前、22年間透析を受けてきたMさんは、臓器移植に関しては、「そこまでして生きる資格があるのか」「他人の臓器を自分の身体に入れる不安と不快感があった」というように、もともと懐疑的であった。しかし、透析による身体の限界から、移植に踏み切った。姉から取り出した腎臓は、そこで死んで、Mさんの身体の内部で生まれ変わったような感じだった。提供された腎臓は姉のものでも自分のものでもない、別の命もしくは人格といってもいいような、意思をもった何かに変わった感覚がある。臓器にもう一つの人格を付与すると落ち着くような気がするという。その後、不安よりは喜びが大きくなると無茶な行動を起したり、大切にすべき身体を大切にできないことがあった。無意

識の中で移植腎を排除したい気持ちがあったのかもしれないと語る。また、移植後に、姉との関係が微妙に変化したことがあった。姉を、母親を慕う子どもが使う幼児語で「おねいしゃまぁ」と呼んでいた時期があった。他方、姉は手術後、わが子を心配する妊婦のように、真っ先にMさんの安否を気遣ったという。（出口 2005）

出口は、生体腎移植患者といえども、一人ひとり体験は異なり、また同じ人でも時間の経過とともに変化していくと指摘し、安易な一般化や抽象化は極力避けるべきであると指摘する（出口 2005）。けれども、少なくとも二人の話には、自分の身体と他者（母親、姉）の身体の一部との同一性と異質性をめぐる気持ちの揺れや葛藤が示されている。移植を契機にして、自分の身体が単なる生物体としての身体を超えて、自分は自分であっても自分ではないのではないか、移植された自分はどこまで自分なのか、移植腎は他者なのではないか、というアイデンティティをめぐる問いが浮上しているのである。

また、出口は、人格や愛情と最も結び付けられやすい心臓移植の体験者の話をウィーン大学病院で行ったインタビュー結果から紹介している。移植後、性格がまったく変化しなかったと答えた人は8割近かったが、その人たちの中に、自分が心臓の持ち主の生前の性別や性格、生活習慣に変わるのではないかという不安を口にしたり、変わっていないことを家族に確認したりした人たちがいたという。そして、はっきりと変わったと答えた人は1割にも満たないが、なかでも若い人の心臓を移植した中年男性は、移植前には思いもよらなかった音楽や自動車に惹かれていることや、ドナーが自分の中で生きていて二つの人生を生きているかのように感じていることなどが報告されている（出口 2001）。

さらに、心臓移植の体験者自らが語った手記がある。クレア・シルヴィアというアメリカの女性が、心肺同時移植手術を受けてから自分の身に起きた変化について詳細に記録したものである。ビールを飲みたいとか、嫌いだったピーマンが大好きになったとか、ファーストフード店に行ったとか、移植前なら考えられない行動をするようになったというのである。それだけでなく、ある時見知らぬ若者の夢を見て、その人物こそがドナーであると直観する。その後、さまざまな手段でドナーの家族を探しあて、会いに行き、シルヴィアの新たな嗜好《しこう》や行動がドナーの生前のものと一致することをつきとめるという物語である（シルヴィア＆ノヴァック 1998＝1997）。しかも、シルヴィアが特別なわけではなく、この本の中にも他の移植体験者の話が登場し、性格や嗜好の変化を経験したという人たちが少なからず存在するのである。

では、身体の一部である臓器の移植は、自己と他者との関係にどのような変化をもたらしているのだろうか。もともと身体そのものが他者や外界との境界領域にあることから、身体の一部が身体から切り離され、他者の身体の内部に置かれる臓器移植とは、境界領域が多層に折り重なる状態になることでもある。ドナーとレシピエントが分離独立した存在だとしても、身体の境界領域そのものはそれぞれ存在する。臓器移植とは、分泌物や排泄物と同様に身体の一部である臓器が身体外部に取り出されることで、臓器それ自体がいちじるしく境界性を帯びることになる。取り出された臓器とそれを受け取る身体との境界領域が重なることで、さらなる境界性が突出してくる現象といえるのではないだろうか。

だとしたら、臓器移植によって自己と他者との境界のあいまいさや不安定さがますます広がり、自己のアイデンティティの不確実さが高まるとしても何ら不思議ではない。UさんやMさん、シルヴィアをはじめとした臓器移植体験者の語りから、レシピエント（自己）とドナー（他者）との連続性を改めて確認し、その境界に生きることの苦悩や不安にどう対処していくのかを考えていくことが重要となる。と同時に、境界領域における両義性という観点から、臓器移植という医療技術が、移植患者や周囲の人たちに単に不安や危険をもたらすだけでなく、自己（レシピエント）と他者（ドナー）、自己と周囲の人との間にどのような関係を新たに生み出しうるのかについて考察していくこと、つまり臓器移植を文化装置の一つとして考察していくことが重要となるであろう。

さらに、臓器提供者の匿名性という前提は、レシピエントの移植臓器との付き合い方を見ると、再検討の余地があると認めざるを得ないだろう。移植臓器に対して単なるモノではなく、何者かの人格や他者の存在を想定しなければ、レシピエントにとって移植後の違和感や不安感を拭い去ることは困難なのである。2010年の臓器移植法の修正案で、ドナーカード上でレシピエントを特定するという動きは、臓器に人格が宿ることを暗示しているのではないだろうか。

3 「ままならない私」との付き合い方

（1）「自分の中の他者」を外在化する

次に、身体の一部が自己や他者の身体を出入りする（分泌、排泄、移植）という現象とは別の現象、自己と自己の中の他者との関係という問題について取り組んでみたい。

まず、人を個人としてではなく世代という集合体として捉える人間観を紹介する。

ニューカレドニアのカナク社会では、世代の数え方に特徴がある。彼らにとっての世代は、孫、息子、父、祖父という4つしかない。もし、ひ孫が生きている曽祖父を知っている場合には、曽祖父と呼ばずに「兄弟」と呼ぶ。このように、この社会の系譜は4世代ごとにめぐって同じ位置に来る。もし、子どもが曽祖父らしき老人と歩いていたら、「兄さんと歩いている」ということになる。この二人の親族関係は、老人の知的生活と子どもの知的生活が同じ枠組みの中で展開し、社会で生きていくうえでの智慧が老人から子どもへと伝授される霊的な関係を意味しているという（レーナルト 1990=1947: 60-63）。

これは、二人の関係性が個人と個人との関係ではなく、ひ孫と曽祖父とを同一視した世代を同じくする関係性、言いかえれば、個人を弁別せず、同じ世代に属する人たちを同一視する関係性であることを示している。ここには、年齢の差や外見上の差があるとしても、霊的な関係にあるひ孫と曽祖父との社会的役割や知的生活が同じであるという文脈において、他者から分離し、独立した自己や自己完結した個人というものは存在していない。

出口もまた、アフリカのアザンデ社会の妖術に現れる人格観に、自己完結した個人とは異なるあり方を見る。妖術師と名指しされた者の自己のありようを、自己の内部に他者が入り込むこと、もしくは他者になりえたかもしれない自己として解釈する。一連の儀礼的な手続きによって妖術を解くことで、自己の内に存在するコミュニケーション不全の他者への振る舞いを、人と人との間にある倫理として読み解いている（出口 2005）。

妖術とは、病いや災難など不幸の出来事が起こった際に、その原因について「それは妖術である」というイディオム（慣用句、語り方）によって説明される社会的な現象のことである。アザンデ社会では、妖術を作動させた妖術師を特定するいくつかの方法（摩擦板託宣《たくせん》、シロアリ託宣、ニワトリの毒託宣）があるが、妖術は非意図的に発動されると見なされている。したがって、妖術師として告発された人は、「託宣の答えは私が妖術をかけたということを示していますが、私は○○さんに悪意をもってはいません。もし自分の妖術が危害を加えたというのなら、ここで妖術を解きます。○○さんの健康を心から願っていますので、○○さんの病気は必ずや回復するでしょう」という意味の口上を述べ、差し出された毒託宣のニワトリの羽に水を吹きかけるという儀礼的な振る舞いをする。アザンデ社会では妖術師と告発された人は、規定の手続きにのっとって妖術を解くことを要求される（エヴァンズ＝プリチャード 2000＝1937）。

　出口は、妖術を発動させるのは妖術師として告発された人の中にある無意識の「悪意」であるという点に着目する。告発された側（自分）の無意識の悪意というのは、実は、告発した側（相手）が日ごろの人間関係において、自分に対して抱いていた悪意を無意識に投影したものだ。それが妖術（＝無意識の作用）として現れたのだ、という解釈である。したがって、妖術を解くという行為は、自分の中にある無意識を反映した他者への責任を果たすことで、病いに伏せる相手の災難を取り払う。と同時に、妖術師と名指された自分自身をも救うことになるという解釈である（出口 2005:149–150）。

　このことについて、出口はアザンデ社会には「無意識を介して自己が他者を取り込み、両者の生が分かちがたく展開するという人格概念」（出口 2005:151）が根底にあると指摘する。妖術という現象をめぐって顕在化するアザンデの人格観には、「わからなさ」「不確実さ」という「他者」を抱えながら、そうした無意識の他者を「自己とは異なりながらもなお自己がとりえたかもしれない姿」（出口 2005: 135）として受け入れ、謙虚さや配慮という倫理的な振る舞いでもって対峙すべきであるとする観念が含まれているというわけである。確かに、アザンデ社会の妖術をめぐる道徳は、自己の中にあるコミュニケーション不全の他者に配慮することで自己を安寧な状態にするという意味では、常に自己の中に他者が存在するという自己の複数性をみることができる。

しかしここでは、妖術をめぐる現象を、無意識に着目した心理的なアプローチではなく、病気や不幸の原因をどこに求めるかという病因論として読み解いてみよう。アザンデ社会では、起こってしまった不幸や不運なできごとに対してどう解釈するのか、現代社会の病因論との比較から考えてみたい。

妖術をめぐるアザンデ人の説明には、自己責任が求められる社会に生きる私たちにとって、とても奇異に思える言い回しがある。それは、「妖術師は遍在するが、実在はしない」という言い方である。つまり、アザンデ社会では妖術師として告発される可能性はだれにでもある。それでいて、何も問題が起きていないときに「○○は妖術師である」と、だれかを名指すことはしない。つまり、安寧な状態では妖術師は実在しないということになる。しかし、ひとたび病人が出ると、その原因を突き止めようとする。そのために、人々は妖術師を特定するために託宣をする。その結果にしたがい、告発された人は先のような手続きをする。けれども、病人が回復すれば、告発された人は妖術師ではなくなる。

言い方をかえれば、ある特定の人に、ある特定の場所で、ある特定の時に不幸なできごとが起きれば、「それは妖術のせいである」といい、そうした特定の文脈においてのみ、妖術師が特定される。しかし、告発された人が、それ以降、妖術師としてラベリングされ続けることはない。ましてや、妖術師というアイデンティティをもつわけでもない。だから、アザンデ社会では日常的に妖術師として主体化された人間は存在しないともいえる。

むしろ、病気を発症した個人や病気を引き起こしたと見なされる個人に、病気の原因を帰することはなく、妖術師という架空の存在に病気になった責任を帰すのである。これは、先のカナク人の人格観に似ていて、病人と病気を引き起こしたとされる人との関係においてのみ、妖術師は存在するということである。ということは、病気の原因は妖術師という実在しない存在に帰せられ、病気を発症した個人から外在化されるのである。とはいえ、出口が指摘したように、想定される妖術師像は妖術師として告発された個人と切り離せない関係にある。

それに対して、生活習慣病という病名が流布している今日の私たちの社会では、病気の発症は本人の生活習慣によるとされ、治療の責任は本人に帰せられる。第5章で詳述するが、糖尿病と診断された人は、セルフ・コントロールという名のもとに発症と治療の責任を帰せられる。つまり、生活習慣病という予防医学の言説において、病気の原因は発症した個人に内在化されるのである。病気の自己責任化というメカニズムは、現代のネオリベラリズム社会（新自由主義社会、自己決定と自己責任化を重視する社会）において必然的な病因論となり、それが昂《こう》じると、責任を帰せられた個人は自己嫌悪や自己否定に陥る場合すらある。

ところが、糖尿病者の聞き取り調査によれば、糖尿病と診断された人たちは、日本の経済不況、そして高齢者介護の問題や子育ての責任などのジェンダー観が背景にあり、決して個人の好き勝手な生活習慣の乱れから発症したわけではない（浮ケ谷 2004）。むしろ、糖尿病を発症した原因をその個人に帰すならば、その責任を過剰に意識し、うつ症を病む人もいる。病気の原因を個人に帰す社会では、第3章のフーコーの主体化装置で説明したように、個人と病気とは同一視され、病気と診断された個人は「病気である私」として自己完結したアイデンティティを付与されることになる。

他方、病気の原因を外在化するアザンデ社会では、病気の原因を実体としては存在しないが、共同体で共有しうる妖術師という架空の存在に帰すことで、病気と発症した個人とを切り離し、文脈に応じて病気の原因を一時的、部分的なものとする。とはいえ、病人（自己）と告発された妖術師（他者）との関係は、日常生活でのふだんの人間関係を色濃く反映し、出口の指摘のように、自己の生と他者の生とは分かちがたく展開しているのである。

以上のように、カナク人のひ孫と曽祖父とを同じ世代と見なす人格観や、アザンデの妖術をめぐる一連の手続きに見る自己の中の他者への配慮など、いずれも「自己完結した個人」「首尾一貫した自己」という近代以降の自己観とは異なるあり方を示している。そこに他者に同一化する自己や、自己の内部にコミュニケーション不全をもたらすような他者性を見ることができる。なかでも、アザンデ社会では、妖術実践を通して、個人の責任を一時的に外在化する社会装置が働き、個人は妖術師であると同時に妖術師ではない、という境界領域を行き来することになる。アザンデの妖術が病気の原因を外在化する装置だとすれば、生活習慣病の病因論は病気の原因を個人に内在化する装置だといえる。

そこで次に、現代の日本社会でも病気の原因を外在化している例を紹介しよう。精神の病いをもちながら生きていくうえで、自己の内にコミュニケーション不全として現れる幻聴を外在化し、自己から切り離した他者として、何とかコミュニケーションを取る技法を模索する人たちの話である。

（2）「幻聴さん」との付き合いの技法

北海道浦河町にある社会福祉法人〈浦河べてるの家〉（通称〈べてるの家〉〈べてる〉）では、精神の病いをもった人が地域で生きていくためにさまざまな活動を展開している。その活動の一つとして「当事者研究」という取り組みがある。〈べてるの家〉では、統合失調症と診断された人たちは、日々自分を悩まし続けている幻聴を「幻聴さん」と呼び、歓迎されざる客としての幻聴さんと付き合う方法を仲間と一緒に模索し続けている。二人の当事者研究の話を次に紹介しよう。以下の事例は、要約したものである。

林園子さん：幻聴さんとの付き合い方

林園子さんは、高校生のとき幻聴が聞こえるようになって18年がたつ。あるとき友人との旅行中、「デブ、ブス、副指揮者はだめだ、頼りがいがない」などの自分を非難する幻聴が聞こえるようになり、精神科に受診することになった。それ以来、幻聴だけでなく、頭の中に浮かんだ言葉の命令にしたがって、昼夜を問わず周囲に繰り返し電話をしてしまうという脅迫的な反復行動を取るようになり、周囲から顰蹙《ひんしゅく》を買っていた。当時の精神科医は幻聴に怒鳴り返し退散させるようにと忠告したが、その方法は逆効果だった。その結果、薬はどんどん増え、やがては幻聴を消すために何度も注射をするという依存状態になった。注射依存から抜け出せないという苦労のどん底の中で浦河にやってきた。

そこで、林さんの幻聴さんとの付き合いの研究が〈べてる〉の仲間と始まった。幻聴さんからの非難の言葉には「今日はゆっくり休むので、幻聴さんも帰ってゆっくり休んでください。お願いします」という言葉を返すことを仲間から教わる。「丁寧に礼儀正しく、〝お願いして〟断る」という方法を試してみて、うまくいったとき仲間に報告する。すると仲間も喜んでくれ、それが林さんにとって大きな喜びとなった。

また、脅迫的に何度も命令してくるお客さん（マイナス思考のこと）を〈くどうくどき〉と命名し、付き合い方に取り組んだ。〈くどうくどき〉とは、相手の気持ちを確かめさせようと「もう一回電話したら」と耳元で何度もささやくお客さんのことである。〈くどうくどき〉の対処の仕方は、実際の人と話すような穏やかな口調で彼の誘いを断るという方法である。結果的に、薬は三分の一に減り、注射は不要となった。

さらに興味深いのは、脅迫的な確認行為を命令する〈くどうくどき〉の人形を作ったことである。それは〈べてるの家〉の生活支援スタッフが提供してくれたオオカミの顔をしたフェルト人形である（写真3）。スタッフは、さらに〈くどうくどき〉とは反対の「ニコニコマーク」のアップリケを人形の顔に縫い付けてくれた（写真4）。この人形には、くどさを克服した自分をあっさりほめられるように〈あっさりほめお〉と命名した。この人形を日頃から身に着けることで、出会った人から「それは何？」と声を掛けられることが多くなった。人形は、他者とのコミュニケーションツールとしての役割を果たすだけでなく、仲間との〈つながり〉を実感させてくれる存在となる。

こうして、〈くどうくどき〉との付き合いの技法を通じて、薬物依存からの脱却と仲間による支えを確認できるようになった。ところが、林さんの研究はこれで終わらない。次に挑戦したのは、〈くどうくどき〉の〝くどさ〟の意味の解明である。〈くどうくどき〉には5つのバリエーションがあり、それは①悩みがあるときにくどくなる「なやみくどき」、②疲れているときにくどくなる「つかれくどき」、③暇のときくどくなる「ひまくどき」、④人と話し足りないまま、夜一人でいるときくどくなる「さびしさくどき」、⑤金欠状態のとき、空腹状態のとき、服薬忘れのとき、くどくなる「お金くどき」「お腹くどき」

写真3、4：〈くどうくどき〉の人形（左）と〈あっさりほめお〉の人形（右）。『べてるの家の「当事者研究」』より

「お薬くどき」である。これをまとめると「な・つ・ひ・さ・お」という人名となる。

「な・つ・ひ・さ・お」に対処するのは、「た・な・か・や・す・お」である。つまり、「悩みくどき」には「すぐ相談する」、「疲れくどき」には「休（やす）む」、「暇くどき」には「語（かた）る、体（からだ）を動かす」、「さびしさくどき」には「仲間（なかま）」、「お金くどき」には「おろす、送（おく）ってもらう」、「お腹くどき」には「食（た）べる」、「お薬くどき」には「すぐ相談、すぐ受診」である。こうして、〈くどうくどき〉が現れる際の自分の気持ちや体調を的確に判断し、即座に自己対処できる術を編み出したのである（浦河べてるの家 2005）。

精神の病いを発症した林さんは、自分の内部に自己コントロール能力を超えた歓迎されざる「幻聴さん」や「お客さん」を抱えていた。そうした他者に〈くどうくどき〉と命名し、自分ではどうにもならない存在をあえて人格化する。その際、自分の気持ちや身体症状、体調を自己チェックし、そのチェック表に現れた一つ一つの症状を一つの全体像として結びつけ、もう一つ別の名前で「なつひさお」として人格化したのである。「なつひさお」に対処する方法として、さらなる別の人格「たなかやすお」を用意する。さらに、〈くどうくどき〉や〈あっさりほめお〉のキャラクター人形を作ることで、自己の内なる他者を可視化し、幻聴世界の固有の経験をだれもが了解できる形に視覚化したのである。

林さんにとって幻聴さんと呼びうる他者は、そもそも自己と分離可能な存在ではなく、コントロール可能な存在でもない。自己の一部であると同時に他者でもある、言い方をかえれば、自己でもなければ他者でもない境界領域に存在する「だれか」なのである。移植臓器に名前を付けて自己とは別の「だれか」と折り合いを付けようとする臓器移植患者のように、自己の内部に現れる幻聴さんとコミュニケーションを取るという技法は、個人を自己完結したものとして見るのではなく、自己の内部にコミュニケーション不全の他者の存在を想定している。

その他者とは、カナク社会のひ孫と曽祖父とを同一視する観念に近いものとして、自己と不可分な関係にある。また、内なる他者を非意図的な存在として交渉するアザンデの妖術師の振る舞いのように、コントロールすることが困難ではあるけれど、コミュニケーションを取ることができるという意味では、自己との関係を再構成しうる存在なのである。

臼田周一さん：体感幻覚という身体の境界性の突出

幻聴、幻視、幻嗅、幻味、幻触という五感すべてが幻覚として現れる状態に対処する術を模索した臼田周一さんという当事者がいる。原因もなく身体のあちこちが痛くなるという身体の違和は14歳のとき始まった。さらに、「早く死んじゃえばいいのに」という自分を非難する言葉の幻聴に悩まされてきた。身体の不調と絶え間ない幻聴に耐えられなくなり家庭内暴力へと発展した。あらゆる手を尽くし、いくつもの病院を経巡ったが、状態はますますエスカレートしていった。ついに、〈べてるの家〉にたどりつき、体感幻覚や幻聴といかに付き合うかという「生きづらさ」に対処する方法を模索する道が始まった。

臼田さんの幻聴さんには、高校生幻聴、テレビ・ラジオ幻聴、仲間幻聴、車幻聴という4つのパターンがある。睨《にら》み返したり、暴れたり、怒鳴ったりという、これまでの対処法では効果がないか、むしろ悪化させてしまうので、新たな対処法を検討してきた。それは、気分転換をしたり、仲間に相談したり、ミーティングに参加して幻聴体験の報告をするという幻聴さんとの付き合いの技法を見出すことであった。

ところが、臼田さんにとって幻聴さん以上に「生きづらさ」のもとは体感幻覚という体験である。体感幻覚とは、体感する部位が頭から顔、首筋、腕、指、腹、背中、骨盤、ふくらはぎまでの全身にわたる身体の違和感のことである（図17）。触られている、ほくろが移動する、虫が這っている、骨が抉《えぐ》られて溶けるような感じ、歯がぐらぐらする、文字が浮かぶ、頭がときどきへこむなどの違和感だけでなく、蜂に刺されたような痛み、左目の奥の痛みなど、満身創痍の状態として語られる。

なかでも、①朝起きたら体中が痛い、②朝起きて鏡を見ると顔に文字が書かれている、という2つの症状への対処法について検討した。①は、朝起きるとふくらはぎや首、骨盤のまわりに痛みが走り、歯がぐらぐらするという体感幻覚である。このような症状をもたらす体感幻覚に対して「臼田周一専属整体師」として人格化し、たまに助けてくれることもあるので〈タスケ〉と命名した。しかし、プロレスの技をか

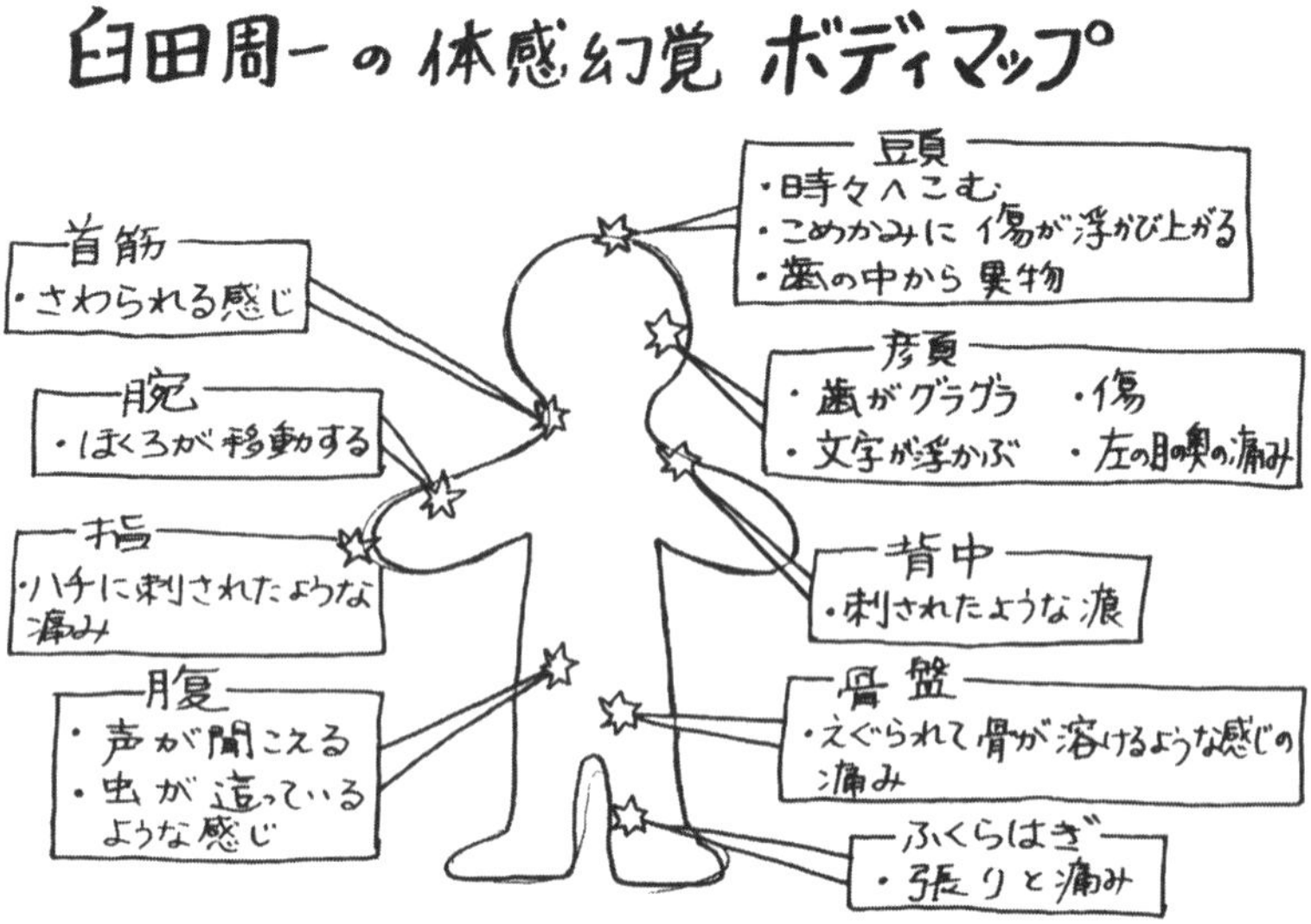

図 17:『べてるの家の「当事者研究」』より

けられて全身筋肉痛に悩まされることのほうが多かった。そこで、〈タスケ〉に対処する方法として、大切にもてなすこと、調子に乗らず、日々の生活を大切にすること、〈タスケ〉を誉めること、〈タスケ〉とは適度な距離を保つことなどが考案された。

②は、朝起きて鏡を見たとき、顔に白い文字で〈べてる〉のメンバーの名前が書かれていたり、腹、腕、足に「バカ!」「死ね!」という文字や変な模様が書かれているという体感幻覚である。この体感幻覚に対して「臼田周一専属メイクさん」として人格化し、〈いくめさん〉と命名する。〈いくめさん〉と仲良くする方法は、〈いくめさん〉をクビにしない、寝る前に「今日は控えめで」「今日はお帰りください」とあらかじめ注文を出し、もてなすことである。たとえば、寝る前に〈いくめさん〉の好物(缶コーヒーなど)をテーブルに置き、お願いするというものである(浦河べてるの家 2005)。

薬物モデルを主張する専門家や幻聴の世界を知ることのない健常者にとって、統合失調症は脳の機能障害や器質的な問題として了解されている。ところが、浦河の精神保健福祉の取り組みでは、精神の病いを、脳やこころ、精神の問題としてではなく、食べること、眠ること、休むこと、語らうこと、働くことにかかわる苦労、いいかえればごく普通の日常の暮らしでの身体的活動として捉えている。したがって、精神の病いが生み出す苦労は、身体的な欲求や身体的症状、そしてそれに対処するための具体的な実践を含む「生きづらさ（苦悩）」の技法という形に結実していく（浮ヶ谷 2011）。

臼田さんにとって、自分を悩ませている体感幻覚は、自己と外界とを隔てる身体の皮膚感覚として存在している。本章では、他者や外界と接触する身体の皮膚表面は、きわめて境界性を帯びていることを繰り返し述べてきた。境界領域とは、どっちつかずの領域であるために、人々に不安や不安定さを呼びこし、ときには危険視すらされている領域である。体感幻覚は、まさに身体の境界性が突出した例であるといえるが、体感幻覚を薬物で消去するという薬物モデルの枠組みでは、リーチが述べたように、自己と他者との間にある不明瞭な境界を無視することになる。それは自己が他者や外界から自由であることを意味するけれども、他者との相互的な関係をもつことは不可能であるということになる。

〈べてるの家〉のメンバーにとって、自己の内部に「わけのわからない存在」「ままならない存在」としての幻聴さんや体感幻覚を抱えて生きていくためには、内なる他者といかに付き合うかの技法を編み出す当事者研究という文化装置が重要となる。この技法は、幻聴を軽減したり除去したりする精神医学の一般的な治療法とは異なり、幻聴を幻聴さんとして外在化し、その幻聴さんと対峙する方法である。いいかえれば、「自己の統合化」ではなく「自己の分裂化」を目指しているともいえる。幻聴さんとの関係を良好に保つためには、幻聴さんを排除しようと闘うのではなく、むしろ幻聴さんの存在を尊重するのである。幻聴さんに「お願いする」また丁寧に「宥《なだ》める」という態度は、シャーマニズムにおける霊的存在（スピリット）と交渉し、調整していく方法に似ている。

自己の身体の一部を他者化し、その他者との付き合い方を模索する例として、腎臓移植者の体験を紹介したが、他にも移植された臓器をめぐる苦悩を契機に、臓器に命名したり、移植日を臓器の誕生日として祝うなど、身体の一部をいったん他者化しようと試みる人たちもいる。また、違和を感じる身体と向き合うために、身体の一部を自己から切り離すという行為は、第5章で詳述するが、糖尿病者の数値化された身体と向き合う技法とも重なっている。

身体や自己（人格）の複数性や身体の他者性、自己の一部を外在化するという捉え方は、現代社会で病いとともに生きていく人たちの「生きづらさ」から生まれた身体観や自己観であるといえるだろう。

参考文献

出口顕　二〇〇一『臓器は「商品」か——移植される心』講談社現代新書

二〇〇三『レヴィ＝ストロース斜め読み』青弓社

二〇〇五「臓器移植患者の心と身体——生体腎移植患者の語りから」『歴博』No.133、国立歴史民俗博物館

ダグラス、メアリ　一九八三＝一九七〇　江河徹・塚本利明・木下卓訳『象徴としての身体——コスモロジーの探究』紀伊国屋書店

エヴァンズ＝プリチャード、E・E　二〇〇一＝一九三七　向井元子訳『アザンデ人の世界——妖術・託宣・呪術』みすず書房

小松美彦　二〇〇二「臓器移植」市野川容孝編『生命倫理とは何か』平凡社

リーチ、エドマンド　一九八一＝一九七六　青木保・宮坂啓造訳『文化とコミュニケーション——構造人類学入門』紀伊国屋書店

レーナルト、モーリス　一九九〇＝一九四七　坂井信三訳『ド・カモ——メラネシア世界の人格と神話』せりか書房

シルヴィア、クレア&ノヴァック、ウィリアム　一九九八＝一九九七　飛田野裕子訳『記憶する心臓——ある心臓移植患者の手記』角川書店

武田雅哉　二〇〇五「『本草綱目』の身体論」『歴博』No.133、国立歴史民俗博物館

浮ヶ谷幸代　二〇〇四『病気だけど病気ではない——糖尿病とともに生きる生活世界』誠信書房

浦河べてるの家

二〇一一「現代社会における「生きづらさ（苦悩）」の病いと生の技法――北海道〈浦河べてるの家〉の「当事者研究」と精神保健福祉の取り組みから」『研究報告特集号 身体と人格をめぐる言説と実践』国立歴史民俗博物館（刊行予定）

二〇〇五『べてるの家の「当事者研究」』医学書院

第5章

身体感覚を研ぎ澄ます

私たちは、自分の身体に関する情報をどのように得るのだろうか。とりわけ、中高年世代にとって、自分の身体や健康に関する情報のほとんどは、健康診断によって露《あらわ》にされる臓器の状態や機能にかかわる検査数値であろう。体重、身長はもちろんのこと、最近はメタボリック・シンドローム対策として腹囲にまで注目が集まっている。さらには、血糖値をはじめとして肝機能検査値、腎機能検査値など、あたかも科学的な数値が人間の身体のすべてを物語る、とでもいいたげな健診社会である。これらの数値のほとんどは、自覚症状のない状態に対して「病気である」と告げる根拠となるものであり、「病気である」と診断されても本人の自覚や身体感覚は追いついていかない状況にある。「自分の身体であっても、自分の身体ではない」という身体の疎外感が支配する現代において、〈いまここ〉を生きる身体の経験はすべて検査数値に委ねられてしまっているのだろうか。ここでは、糖尿病とともに生きる人たちの身体との向き合い方、付き合い方を通して、数値と身体感覚、身体をめぐる人と人とのつながりについて考えてみたい。

1 数値と身体文化

医療テクノロジーの所産である科学的数値は、生物医療での診断や治療のための指標となるだけでなく、日常生活においてさまざまな意味を生み出している。とりわけ、慢性病者が病気や身体に向き合うとき、また治療の際に身体に働きかけるとき、健康のときには経験しなかった身体性が生まれる契機となる。

科学的数値は、それが普遍性、客観性、論理性を旨《むね》とする科学的思考の根拠とされているため、生理的身体を表象するという意味において非人格的であり、「だれでもどこでも同じ」という意味で脱文脈的である。しかし、人間が意味の網の目（＝文化）に生きる動物であるならば（ギアーツ 1987＝1973）、それが数値といえども、固有の意味付けや文脈から逃れられるものではない。医療テクノロジーもまた文化現象の一つであることから、慢性病者にとって科学的数値は身体に働きかける手段となり、自分の身体とどう向き合うかという身体技法を編み出す契機となる。

人類学者のマルセル・モースは、身体をめぐる実践と文化との間には深い結びつきがあることを身体技法として示した。モースによれば、「歩く」という動作一つとっても文化的、社会的所産であり、どのような身体表現、身体所作、身体習慣であっても文化によって遍《あまね》く規定されているのである。それだけでなく、身体とその持ち主である本人との関係において、「身体こそは、人間の不可欠の、また、もっとも本来的な道具である。あるいは、もっと正確に言えば、身体こそは、道具とまでは言わなくとも、人間の欠くべからざる、しかももっとも本来的な技法対象であり、また同時に技法手段でもある」と指摘する（モース 1976=1968）。モースの主張は、身体をたんに個人的で生来的な生物的存在として捉える視座と決別し、身体は文化的所産であると捉え、身体への働きかけ、すなわち身体とその持ち主との関係に、身体の道具化と道具の身体化というテーマに接続する道を開いたのである。

前章で紹介したように、移植臓器と向き合うプロセスは、臓器移植という医療テクノロジーを介して、移植された臓器といかに折り合いを付けていくかというレシピエントの身体技法を表している。また、〈浦河べてるの家〉の当事者研究で見つけた幻聴さんとの付き合い方は、身体の不調をもたらす「ままならない存在」としての幻聴と向き合うための身体技法といえるだろう。

私は、これまで糖尿病者の身体観や身体への働きかけを通して、医療テクノロジーがもたらす科学的数値の意味について検討してきた。血糖値という数値は、治療者が設定する基準値が目標となるとき、きわめて規範性を帯びた指標となる。さらに、厚生行政が「生活習慣病」という病因論を掲げることで、血糖値は「良い生活習慣」と「悪い生活習慣」とを分ける指標となり、そのうえ生活習慣を改善「できる人」と「できない人」とを分ける根拠となる。こうした状況の中で私は、身体管理のための指標という文脈における血糖値の規範的な側面と、「〈いまここ〉に生きる身体」を数値によって断片化するという意味で、身体の疎外化の側面を見てきた（浮ヶ谷 2004: 101）。ところが、他方で自覚症状のない糖尿病者にとって、血糖値は「自分のからだ」を把握するための指標となり、新たな身体感覚を生み出す契機ともなっていた（浮ヶ谷 2004: 102–106）。

では、自覚症状がない自分の身体と向き合うとき、普遍的で非人格性をもち、身体を脱文脈化するとされる血糖値は、いったいどのような身体感覚を生み出すのだろうか。それまで経験していない身体感覚や他者への想像力を喚起させるのは、いったいどのような文脈なのだろうか。糖尿病者の身体感覚や身体技法は、どのようなものとして日常生活に現れているのだろうか。糖尿病者たちの経験は、現代社会における自己と身体、自己と他者との関係を考えるうえでふさわしい題材を与えてくれている。

ここでは、糖尿病者が身体とどのように向き合っているのか、そうした身体と向き合う経験は自己や他者との関係にどのような影響を与えているのかを検討していく。そして、現代社会のボディ・ポリティクス（政治的身体）を視野に入れながら、糖尿病者の身体技法について考えてみたい。まずは、日本の生活習慣病政策に見られるボディ・ポリティクスについて検証し、それから現代医療の自己観について検討してみたい。

2 生活習慣病という名付け

「生活習慣病」という呼び名は、１９９６年12月に厚生省の公衆衛生審議会によって「成人病」に変わる名称として提示された名称である。この名称変更の目的は３つあり、①国民医療費増大の抑制、②疾病の罹患《りかん》によるＱＯＬ（クオリティ・オブ・ライフ）の低下の予防、そして③小児期からの健康教育を視野に入れた一次予防対策の強化である。このとき、糖尿病のうち２型糖尿病が「生活習慣病」の一つとして位置付けられた（厚生省公衆衛生審議会 1996：7）。

名称変更の由来は、③の予防対策の転換に見出せる。「成人病」という用語は、「慢性病は成人になって発症するため、健康診断を励行し、病気を早期発見、早期治療することが最善の予防対策である」という二次予防を意味していた。ところが、「早期発見・早期治療」対策が推進されたにもかかわらず、成人病は減少するどころか増加している。こうした実状を踏まえて、政府は「病気になってからの対策」という二次予防から、「病気にならないようにする対策」という一次予防への転換を目指し、小児期の生活習慣に着目したというわけである。

生活習慣病という名付けには、自己責任化というイデオロギーが内包されている。生活習慣病の原因は「さまざまな危険因子（環境要因、遺伝因子、生活習慣など）」とされ、治療ではこれらの危険因子を減らすことが目指される（生活習慣病予防研究会編 2000）。生活習慣病の危険因子は複数存在しているが、臨床では医学的にコントロールできる、しかも患者の努力の範囲内でコントロールできるものとして、「個人の生活習慣」が着目された。臨床では特定病因論にのっとって、生活習慣病の原因を「個人の生活習慣の乱れ」とし、したがって治療は「悪い生活習慣を良い生活習慣に改善すること」となった。こうして、行政用語としての生活習慣病という名付けが、臨床場面で「病気の原因はあなたの悪い生活習慣である」という新たな病因論を生み出したのである。

さて、数多くある病気の原因のうち「個人の生活習慣」だけがクローズアップされると、環境要因や遺伝的要因などの他の要因は捨象され、病気の発症や悪化には社会環境や社会的な価値観が大きく影響しているという社会要因の側面が見えなくなる。すると、病気の原因は「個人の悪い生活習慣」であり、「努力すれば悪い生活習慣を良い生活習慣に変えることができる」という論理が、病気治療の前提となる。香川靖雄によれば、「良い生活習慣」は、非喫煙、飲酒節制、毎日朝食摂取、睡眠7から8時間、労働9時間以下、定期的な運動習慣、栄養のバランスを配慮する食生活、そして自覚的ストレスがないという8項目で示される（香川 2000：68）。

経済不況期にある現在の日本社会で、こうした条件をクリアできる人がどれだけいるのだろうか。個人のライフスタイルが多様化する現在、一様なスタイルを要請することにどれだけのリアリティがあるのだろうか。「生活習慣の変更を可能にするのは個人の意志と努力による」という言葉は、社会環境の中で病気を発症してしまった人に、病気の原因とその治療の責任を帰してしまうのである。ここに、第4章でアザンデ社会の妖術と比較検討した、病気の原因の内在化というメカニズムを読みとることができる。

また、第3章で述べたように、健康寿命を目指す日本では、「健康である自分」を目標とすることに価値が置かれ、健康寿命の延伸のために生活全体を制御するセルフ・コントロールという理念が要請されている。したがって、「悪い生活習慣をもつ人」や「生活習慣の改善ができない人」は、健康社会からの逸脱者と見なされる。厚生行政の政策が図らずも生み出してしまう新たな病因論に、糖尿病の負のイメージが結びつくと、偏見や差別の問題を生み出すことにもなる。このことは、とりわけ1型糖尿病者たちにとって重大な問題となるが、このテーマに関しては別稿を参照してほしい（浮ヶ谷 2004b）。

これまで、厚生行政政策における「生活習慣病」の問題点について述べてきた。たしかに、現代社会に生きている限り、私たちはこうした言説から逃れることができない。だからといって、日々の生活の中で私たちは、病気や治療についての考え方や行動のあり方をこれらの言説によってすべて決定されているわけではない。つまり、治療者の指導や厚生行政の指針にそのまま従って生きているわけではないのである。

次に、病気と身体に向き合って〈いまここ〉を生きる糖尿病者の経験について検討していこう。

3 数値と身体技法

血糖値は、医療専門家の治療や保健医療政策に取り込まれると、身体管理のために規範的な性格を帯びてくる。数値の規範性が強すぎると、規範を押し付けられる側に、反発、自己嫌悪、無力感という感情をもたらし、押し付ける側と押し付けられる側との関係は破綻《はたん》する。ところが、糖尿病患者会では血糖値を共通の指標とし、他の人の血糖値と互いに参照しあうことで、他の人の生活を想像する手がかりとなっている。また、血糖値は、自覚症状のない人にとって固有な身体感覚を生み出す契機ともなっている。そこでは、「自分のからだ」への気づき、そして自己と身体とを結びつけるための身体技法が生まれている。

(1)「わかっているけどできない」

糖尿病の対策にあたる医療専門家はセルフ・コントロールという理念のもとに、第3章でも述べたように、患者教育として知識教育、実践教育、情操教育の3つを掲げている。患者教育に基づいた治療実践では食事療法、運動療法、薬物療法という三大療法が基本となる。

自覚症状のない患者に専門的知識を与え「病気である」ことを自覚させ（知識教育）、「わかっているけどできない」患者への対処法として、規律－訓練化するプログラムにそって支援する（実践教育）。また、「わかっているけどできない」現実と「やればできる」という理念との間で葛藤する患者のために、心理的ア

（注）海藻、きのこ、こんにゃくは表 6 の食品だが、計算には入れなくてよい。

図 18：「1 単位（80kcal）の食品」『糖尿病のすべて』より

プローチという方法が導入されている（情操教育）。こうした一連の患者教育には、「精神は身体をコントロールできる」（Wendell 1996）というコントロールの神話が一貫して内包されている。この神話を前提にした現代社会では、規範的な評価の対象となる自己のイメージが創られていく。

　規範的な評価の基準となるのが、食品、身体、運動にかかわるさまざまな科学的数値である。食品の分類、食品の1単位（80 kcal）に対応する重量（g）（図18）、標準体重（身長を基準）と仕事の活動量をもとにした適正摂取カロリー（kcal）（図19）、運動種目と時間あたりの消費量（kcal／分）（図20）、インスリン注射の種類と単位などである。なかでも注目されるのは、血糖のコントロールまず標準体重*を求め、日常の活動量に応じて25～40（kcal）をかけると、1日の総エネルギーが求められる。

身長（m）×身長（m）×22＝標準体重（kg）

標準体重（kg） × 軽い仕事 25～30（kcal）／中程度の仕事 30～35（kcal）／重い仕事 35～40（kcal） ＝ 1日の総エネルギー量（Kcal）

（例）身長170cmで事務職（軽い仕事）の場合
1.7×1.7×22＝63.58（標準体動）

63.58×（25～30）＝約1600～1900（kcal）

＊標準体重の求め方には｛身長（cm）－100｝×0.9などいくつか方法がある。

図19：「適正エネルギー量の求め方」『糖尿病のすべて』より

状態を示す血糖値（mg／dl）とヘモグロビン・エーワンシー（HbA1c）値という数値である（図21）。

これらの数値を記録するグッズとして「糖尿病健康手帳」というノートがあり、これに記録することで血糖値は身体管理と自己モニタリングのために規範性を帯びてくる（写真5）。すると、結果的には理想とする生活習慣からの逸脱やセルフ・コントロールの失敗が評価の対象となる。血糖値が基準からはずれることは指導の対象となり、規範的な評価を内面化した当事者もまた、自己責任を過剰に意識したり、自己嫌悪に陥ったりする。

では、血糖値という数値の規範性が強く働いている人たちを紹介しよう。

Aさん：50代女性、2型糖尿病、元会社員

自分ではそれほど食べてはいないと思うし、一日一時間以上の散歩をしている。でも、体重は減らないで現状維持している。先生からは食事と運動のバランスが悪いといわれているんだけど。早く食べ過ぎるかも

項目	体重 1kg 当たりのエネルギー消費量（kcal）	
	1 分間	10 分間
散歩	0.0464	0.464
歩行 分速（60m）	0.0534	0.534
〃 （70m）	0.0623	0.623
〃 （80m）	0.0747	0.747
〃 （90m）	0.0906	0.906
〃 （100m）	0.1083	1.083
ジョギング（軽い）	0.1384	1.384
リズム体操（普通）	0.1472	1.472
体操（軽い）	0.0552	0.552
〃 （強め）	0.0906	0.906
ダンス（平均）	0.0578	0.578
自転車 毎時（平地 10km）	0.0800	0.800
〃 （平地 15km）	0.1207	1.207
〃 （登坂 10km）	0.1472	1.472
〃 （降坂）	0.0269	0.269
階段昇降	0.1004	1.004
素振り（バット）（平均）	0.2641	2.641
遊泳（クロール）	0.3738	3.738
〃 （平泳ぎ）	0.1968	1.968
卓球（練習）	0.1490	1.490
バドミントン（練習）	0.1508	1.508
テニス（練習）	0.1437	1.437
ゴルフ（平均）	0.0835	0.835
バレーボール（練習）	0.1437 ～ 0.2499	1.437 ～ 2.499

（資料：日本体育協会スポーツ科学委員会）

消費エネルギー量の求め方

1 分間のエネルギー消費量×体重×持続時間

（例）体重 60kg の人が分速 80m の歩行を 20 分間した場合

0.0747（kcal）×60（kg）×20（分間）＝ 89.64kcal

図 20：「運動種目別のエネルギー消費量（例）」『糖尿病のすべて』より

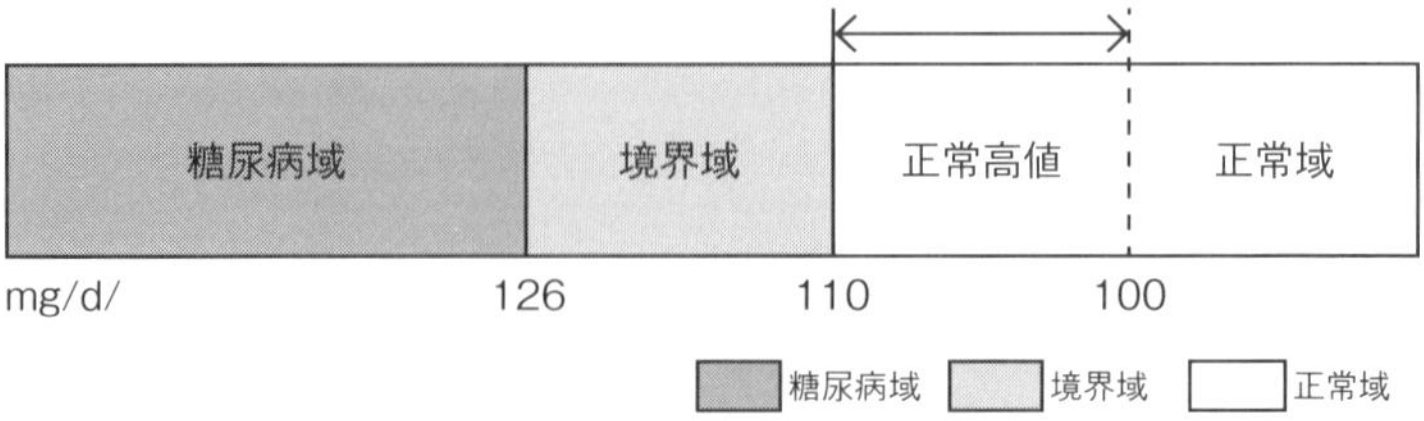

空腹時血糖値（静脈血漿値）

図 21：血糖値表

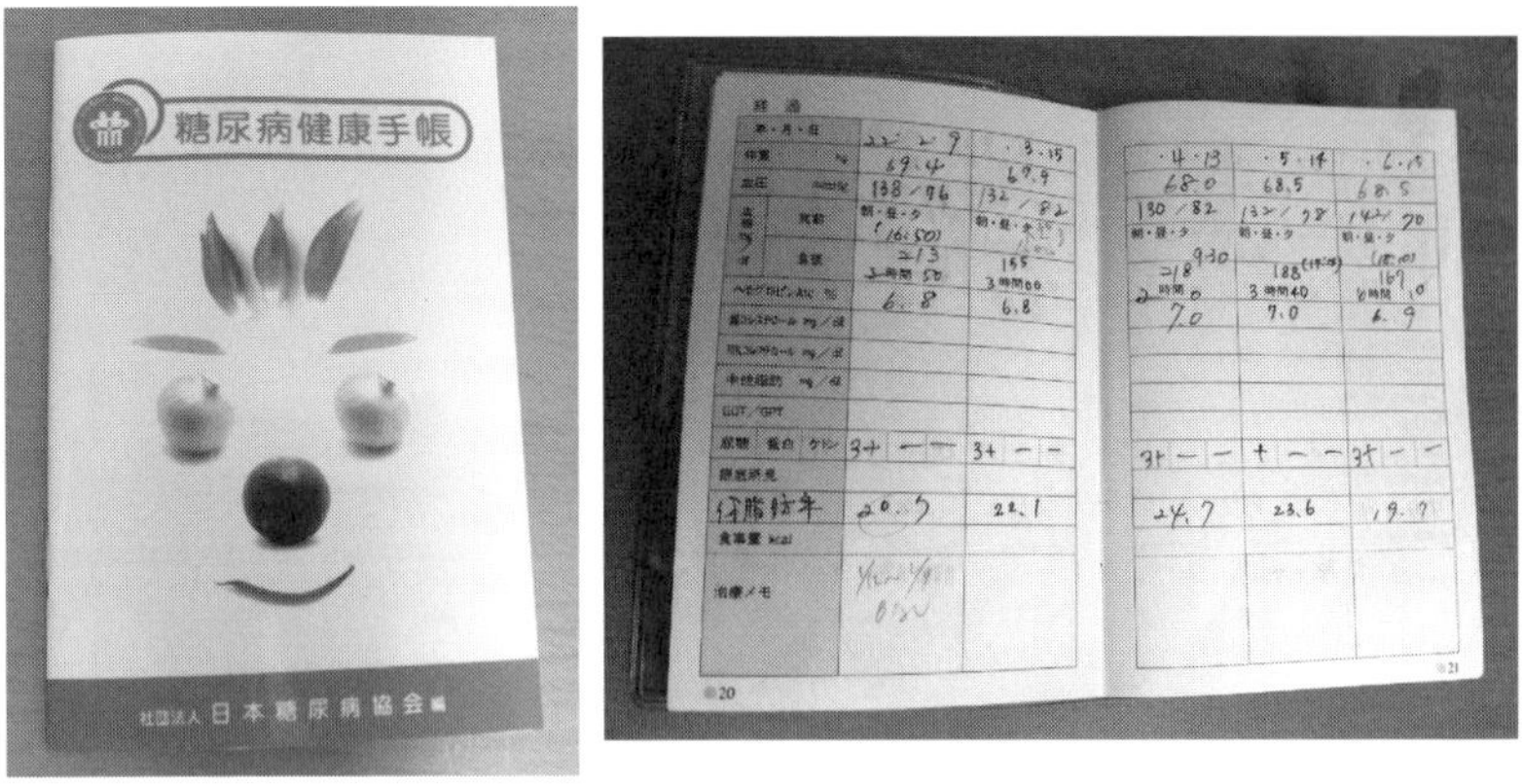

写真５：糖尿病健康手帳

しれない。水も体重になってしまうのかしら。でも、私、胃腸系は全部正常なの。消化吸収がいいみたい。仕事をやめてそのストレスか、すぐ食べてしまう。今一番つらいのは、昔の友だちと食事にいけないこと。いちいち、友人に病気のことを話すこともできないし、そうなると友だちも減ってきて寂しいよね。外食できないのが一番つらい。先生にもう死んでもいいなんていって怒られたこともある。食べる楽しみが制限されるのは本当につらい。始めは自分が食べたものを全部かきとめたんだけど、今はそれができなくて。先生に（通院を）二か月に一回にしてというんだけど、そうするとコントロールができなくて死んじゃうぞっていわれている。私は出来の悪い患者だから、私が一番太っている。いやになっちゃう。水を飲んでも太っちゃうから嫌になっちゃう。孫にでも遺伝したら本当に申し訳ない。（浮ヶ谷 2004:116-117）

Bさん：30代女性、1型糖尿病、専業主婦

お料理は嫌いじゃないけど自分で作ったのはおいしくない。「いっぱい食べちゃうと身体によくないんだな」と思いながら食べるのは嫌なんだけど、でもたまにはいいかななんて思う。で

写真6：患者会の調理実習

も、そのたまにがだんだん多くなり、それがちょっと当たり前になってしまう。先月血糖値がすごく悪くて、私も思い詰める方なので悪い方へと考えてしまう。けっこうぐじぐじして食事もきちんとしないと気が済まない質《たち》で、だからそれが長続きしない。本当は運動がいいのでエアロビクスとかにすぐに行きたいけど、今はちょっと無理。今も歩けといわれるけど、朝もこれ以上早く起きれないし、夜は一人じゃ恐いし、子どもが寝てからなんて本当に恐い。子どもを連れて歩くペースではダメだと先生に言われている。数値が悪いと気分も悪い。そこで当たっちゃったりして、そうすると子どももかわいそうだし、主人にも悪いなあって思う。自分がいらいらしていると周りも嫌な思いもするし、自分が一番いやなのでそのためにも血糖値をよくしていかないといけないって思う。（浮ヶ谷 2004:117-118）

Aさんは、糖尿病になったことで食欲のコントロールの難しさと楽しみとしての社交ができない現実を訴え、しかもその責任は自分にあると告白する。Bさんは、自分のペースを優先した生活が維持できない家庭環境の中で、目標とする血糖値を実現できないことで家族に苛立ちをぶつけたり、身体管理できない自分を責めたりしている。二人にとって「自分のからだであっても、自分のからだではない」という身体の疎外感や、それゆえの自己と身体との乖離《かいり》が生じたり、自己と他者との間に溝が生じたりしている。身体の疎外感は、セルフ・コントロールと自己責任を推進する近代的な規範によって強化され、そこに緊張と葛藤が生まれている。

したがって、二人にとって血糖値は、医療が指示する基準に合致させるような規律‐訓練化を要請する。また、「自分のからだではない」と思わせるという意味において、身体性を奪い、身体の疎外化を生み出すという、きわめて強い規範性を帯びている。

（2）数値をめぐる想像力

ところが、科学的数値としての血糖値は規範性とは別の側面をもっている。糖尿病患者会という場は、各種数値が「符丁」のように飛び交う場である。血糖値は、病気や身体の状態を表す記号となり、参加者にとって病気の程度や身体状態について参照するための指標となっている。ある男性は、「この会では自分の症状が他人と較べてどうなのか、体験談を聞くことによって比較できる」と述べている。ここでの血糖値は、自分の身体と他の人の身体とを比較参照するための指標となっているのである。

患者会の主な行事は調理実習とウォークラリーである。調理実習での参加者は、調理しながら、食べながら、片付けながら、血糖値や体重、カロリーなどを話題にする（写真6）。また調理実習の進行役としての栄養士は「忘年会や新年会に注意してくださいね。おもち1個は35g、1単位ですよ」と言いながら、行事や会食に参加する際の食品の重量と単位について説明する。会員たちは、食後のミーティングで血糖値やＨｂＡ１ｃ、さらにはカロリー、歩数、体重の増減など具体的な数値を使って報告する。その際に、ふだんの食事の内容、身体状況、心境の変化、家族や職場での人間関係など、日常生活のエピソードを交えながら、話を展開していく。

ある女性は「今年のはじめはストレスで急に300くらいに血糖があがった。でも今は150くらい。食べることも作ることも大好きで食べないとストレス。努力してきたけど血糖が下がらなかった。上がるのは簡単だけど。人に迷惑をかけないで長生きをしたい」といい、また別の女性は「先生、私はどの程度悪いんですか。運動はママさんバレーとゴルフ、エアロビクスをしています、でもアンコが好き、アイスクリームも好き。野菜は、1日300gとっています」と報告する。日常生活での血糖値の増減の様子、スポーツや運動の様子、食品の摂取量などを告げる。さらに、日常生活における個人的な食べ物の嗜好《しこう》、ときに人生観まで吐露《とろ》しながら、生活の中の細かい情報を提供する。

写真7：患者会のウォークラリー

また、ある高齢の男性は「20年前から糖尿病で、1万歩から1万5千歩くらい歩いていたが、現在足がしびれて感覚がないため歩くのも一度に500歩から700歩くらい。歩かないから血糖値も上がり気味、肩から指先まで痛い。3年前から先生にお世話になっているが、(身体が)思うようにいかなくて、自分がはがゆい」というように、歩数という具体的な数値によって病気の進行状況や身体の状態について報告する。すると、参加者は歩数が減少していく様子を聞くことで、病気の進行度と身体状態による日常生活の不都合や苦悩の様子をありありと思い浮かべ、そして自分の日常生活での様子と比較する。それが未知の経験ならば、将来自分にも起こりうる経験として想像するのである。

写真8：ウォークラリー後の昼食の様子

参加者は、自分の経験が規範的な生活からはずれていたとしても、血糖値や摂取量、歩数という数値を手がかりに、一方で「はずれているのは自分だけではない、みな同じ」という共感をもち、他方で「自分のほうがより悪い」もしくは「自分のほうがまし」という評価をし、病気をめぐるさまざまな想いを喚起させられる。参加者たちは、他の人の報告に現れる数値を手がかりに、自分の生活を想起すると同時に、他の人の生活に対して想像力を働かせるのである。

　患者会活動のもう一つの柱はウォークラリー（写真7、8）である。毎年、春と秋の2回開催され、午前中からスタートし、昼食前に終了するというプログラムである。必ずすることは、昼食を摂る前に血糖値を測定することである。そのとき、参加者は血糖値を互いに見せ合う。あるとき、参加者のほとんどは100前後で標準値に近かったが、私だけが標準値より高い血糖値

（132mg／ml）を示した。そのとき、参加者から「きっと、朝ご飯をたくさん食べてきたからだよ」「きっと、ストレスで大変なんだね」という言葉をかけてもらった。私の日常生活に想いを寄せた言葉をかけてくれたのである。

参加者の日常生活の様子はそれぞれ異なり、互いに実態を知ることはほとんどない。けれども、血糖値を共通の指標とすることで、自分の経験と他者の経験とを比較参照することが可能になる。血糖値という数値を手がかりに、実際は知ることのない他の人の生活に想像力を働かせ、その人を気づかったりしているのである。血糖値は日常生活でのそれぞれ個別の経験を橋渡しする役割を担っている。

（3）身体感覚への気づき

インスリン注射を必要とする糖尿病者の中には、血糖値を測定しなくても数値を推測できる人がいる。これらの人の多くは、主治医から指示されて血糖値を推測する技法を習得している。その指示の内容は、1日の変化（活動時と休息時）、1週間の変化（ウィークデイと週末）、女性の場合は1ヵ月の変化（生理日）、1年の変化（夏と冬）というように、その人の活動状況や季節や気候の変化によって変化する身体状況に見合った血糖値を推測することである。50代女性で1型糖尿病のCさんを紹介しよう。Cさんはこれまで3度の入院経験があり、現在クリニックに通院中である。

Cさん

今、どんな体調のときに、（血糖値が）いくつかを予測できるようにするため、たとえば予測が一二〇（mg／ml）くらいのとき、実際は八〇であったり一五〇であったりとか、感覚を身につけるように言われている。食べる前に一八〇くらいかなとか、一五〇以下になっているとか、低血糖を予測する意味でも、常に血糖値をコントロールする意味でも。ぴったり合っているときと、違っても一〇くらいの誤差のときとか、こんなに高いときもあるとか、またこれを食べたら血糖があがるなと思う。あるいは、一一五くらいかなと思うと一一三だったり、ぴったりのときもある。何回もないけど。調子のよい昼はだいたい一〇〇前後で、だいたいあたる。でも、朝起きたときの血糖値の予測がむずかしい。一〇〇前後が一番調子がいいように思う。ほどよくおなかがすいている。あまり高いとおなかがすかない。おなかがすかないから、これはちょっと三〇〇近いかなと思うと本当に二八〇とかになっている。低血糖になったら我慢も何もない、どこでも補食をしないと。（低血糖に）ときどきなる。低血糖のときは、口の中がしびれるよう。

自分のインスリンがたまたま機能しないということで、自分の身体を外から感じるものを創っていく、研ぎ澄ますような感じかな。自分をどう見ていくかがコントロールを良くすることになる。生活のなかでキャッチすること、より早くより的確に自分を見て、どう対処するかその人の器しかないけど。人間の身体というのは治そうとする力、良い方にしようとする力を誰でももっているものだから、それを養っていくものかもしれない。（浮ヶ谷 2004:103-104）

糖尿病という病気は、合併症がない限り自覚症状はないため、病気の自覚がない人はもちろんのこと、自覚がある人であっても、血糖値を推測することは難しい。Cさんは、血糖値を指標として、インスリンを打つ前に血糖値と身体感覚や身体症状の変化とを結びつけることを毎日、毎回、行った。すると、次第に身体感覚や身体状態から血糖値を推測できるようになった。こうして、Cさんは数値を手がかりとして身体性を獲得するための身体技法を編み出したのである。このような身体への働きかけの指標となる血糖値には、「〈いまここ〉に生きる身体」（主体）と「数値化された身体」（客体）との間をいったん切り離し、再び主体と客体としての二つの身体を結びつける働きがある。

さらに、Cさんのような自分の身体との向き合い方は、「自分の身体を外から感じるものを創っていく、研ぎ澄ますような感じかな」というように、病いの経験から生み出される固有の意味付け（数値と身体感覚、他者との関係性）を生み、それを契機として身体感覚を研ぎ澄ます技法を編み出している。ここでの血糖値は、「だれでもどこでも同じ」という普遍性を帯びたものではなく、固有の身体感覚とそれに基づいた身体技法を生み出すという意味で個別的なものとなる。

さて、Cさんが固有の身体感覚を体得できたのはCさん一人の力によるのではない。主治医との協働的な取り組みがあったからである。次に見ていこう。

4　身体性と共同性

(1) ともに生み出す身体技法

個別の経験から生まれる身体技法は個人で習得するものではなく、医療スタッフや家族など自己をめぐる他者との協働的な取り組みから生まれている。先のCさんの話を紹介しよう。

Cさん

先生の指導は、より具体的で、決して無理しないで長続きさせるような不思議な力がある。抑えられているというような感じがしない。理想を追って、できないのはあなたの努力不足というような決めつけるような感じは絶対ない。人間的な温かみがある。生きる力を与えてくれるし、慢性病のようにすぐに結果のでない病気に対して勇気づけてくれる。（中略）

自分は、とても幸運だと思う。いろいろな良い先生に恵まれた。この病気は切実ではないから、普通に生活していたら大変なことになってしまう。こんな切実になれたのは、先生に追いつめられなかったからだと思う。患者にとって合併症の怖さはだれよりも一番切実なもの、無知な割に切実な思いをしているのだけど、また反面無知なところもある。先生は、本人がその気になるまでじっと我慢してくれている。その点では人間的に尊敬している。命に関わることだから、必要だと思えば先生は全部の人にやるでしょう。先生が病気になったらみんなが大変だと思う。先生は「命の綱」だから。人の話を大事にしてくれておしつけがましくなく、日常のなかから励ましてくれる。（浮ケ谷 2004:142–143）

Cさんは血糖値を推測するために、数値を手がかりに身体感覚と身体状態を微調整し、身体を研ぎ澄ます方法を習得していく。この技法の習得は、主治医との協働的な取り組みによって支えられている。

まず、1日4回、毎食前と就寝前にインスリン注射を打つ際に血糖値を測定する。測定のたびにその数値を電話で主治医に報告する。それを聞いた主治医は電話でインスリン量を指示し、Cさんはそれに従ってインスリンを打つという一連のプロセスがある。こうしたやりとりは、はじめの1週間は毎日4回、次第に1日1回、そして2、3日ごとに1回というように回数を減らしながら、およそ1ヵ月続いたという。

血糖値を推測するプロセスでは、まず現時点の血糖値を推測し、次に血糖値を測定し、推測した数値と実際の測定値とを比較参照し、そのときの身体状態を振り返りながら、身体状態を測定した血糖値に結びつけていく。このプロセスにおいて、患者は再帰的に自分の行為を振り返り、刻々と変化していく血糖値と身体状態をモニタリングする。

医師の指示に忠実に従い、自分で自分自身をコントロールするという意味では、規律‐訓練を内面化する姿であると一見思われるかもしれない。しかし、ここでは医師の指示を鵜呑《うの》みにしたままの疎外された身体とは異なり、自分の身体感覚を自分で把握するという「〈いまここ〉を生きる身体」の経験がある。しかも、この技法は血糖値という数値によって媒介され、医療専門家の協力という関係性に支えられて習得されたものである。さらに、Cさんは病気になるまで一緒に歩くことはなかった夫と近所の土手を歩くことが習慣になったともいう。夫との散歩もまた夫婦の間での協働的な取り組みだといえる。

しかし、だれもが医療者との協働が可能なわけではない。Dさんの場合、主治医への不信感から医師との協働的な取り組みは成立しにくい状況にある。Dさんは、1型糖尿病の30代の女性である。現在、網膜症と腎症をもちながら、看護師として働いている。

Dさん

IDDM（I型糖尿病）に限らず、慢性疾患はどの時点で病気を受容できるかで、病気の進行具合やその人の生き方が大きく異なると思います。発症年齢、発症するまでのその人の生き方、考え方、親をはじめとするまわりの人の関わり方、医療スタッフの関わり方なども深く関わっていくことになると思いますが……。あと良い先生に出会うかどうかも大きいと思います。私は十代から十五、六年ほど同じ先生に見てもらいました。でも、その先生はDM（糖尿病）の専門だったけどIDDMに関してそうではなかった。OGでキャンプ（患者会主催）に行ったとき、皆で血糖の自己測定しているのは驚きでした。その先生との話では一度もそんな話はでなかった。文通していた子が自己測定していてインスリン量も調節していたという話もびっくりでした。キャンプから帰って自己測定したいと言ったら、先生はいい顔しなかった。逆に、血糖が高かったらインスリンを増やすのか、というような言い方をされてショックだった。病院に行く前に、低血糖を起こしていても病院につく頃には、血糖は二〇〇になっていたりした。先生には「いっぱい食べたんだろう」といわれ、病院に行くのが嫌いでした。もともとコントロールできないこともあって、先生はそんなふうにしか見てくれなかったのかも知れないけど。（浮ヶ谷 2004:150–151）

Dさんは、「先生はそんなふうにしか見てくれない」「病院に行くのが嫌い」というように、医師への不信感を長い間抱き続けている（のちに信頼できる別の医師にめぐり合える）。Dさんにとっては血糖値が強い規範性を帯びている。ここでは血糖値という数値が、医師との間に葛藤や対立を生み出し、身体の管理者と被管理者という関係を強化し、その結果、患者と医師との関係を破綻させてしまっている。また、Dさんの身体は「糖尿病である身体」と「〈いまここ〉を生きる身体」との間で切り離されたまま、二つの身体の境界性がもたらす不安や危険に対処する術を見出せない状況にある。

（2）ともに身体に向き合う

血糖値コントロールのために生活スタイルを変更することは、それが習慣となっているため容易なことではない。身体と向き合う実践は、必然的に他者を巻き込むことになる。そうした葛藤や試行錯誤を抱えるなかで「自分のからだ」と向き合うとき、周囲の人との関係や自己の存在のありように気づいていく。先のCさんとEさんの言葉を紹介しよう。

Cさん
（糖尿病だといわれて）どうしたらいいんだろうか、どうして私だけって。落ち込んで、後ろ向きになると道は開けないけど、いろんなところからいろんな人の力を借りて、今まで考えられなかったことをふと考えてみたり感じたりして、どう自分の一番いい生き方を求めていこうか、ということをもたなければ生きてはいかれないし、またそういうふうに生きなきゃ家族の一員として申し訳ないと思う。私よりも主人の方が、また違った意味で心配が大きかったのでは。（浮ヶ谷 2004:109）

Eさん：40代男性、1型糖尿病、重度の視力障害と腎透析の導入

糖尿病のコントロールが身についたのは今頃。こんな体になって初めて、糖尿病が理解できた。遅かったかもしれないが、まだ倍は生きるつもりでいる。自分自身も先生も裏切らないために、精一杯頑張るつもりだ。一日でも長く生きて欲しいから、手助けしてくれているはずだから、それに応えなくてはならないと思う。立派な医療設備があって、熱心な先生がいて、看護婦さんもいて、それらに応えなければと思っている。（浮ヶ谷 2004：110）

主治医を「命の綱」と呼んでいるCさんは、家族の中の自分の役割や存在意義、夫の自分への配慮を痛感している。Eさんもまた、自分自身や医師、そしてスタッフのために、精一杯頑張ると言い、Eさんのために手助けしてくれるスタッフに応える必要があると思っている。二人にとって自分の身体と向き合う経験は、家族や同僚、友人、そして医療スタッフなど、周囲の人との関係に支えられていることで、自分への振り返りと他者の存在への気づきを生み出している。続いて、Fさんの事例を見てみよう。

Fさんは40代男性。30代で1型糖尿病を発症した。Fさんは、糖尿病になってから今まで見えていなかったものが見えてきたという。それは、日頃当たり前だと思っていたこと、例えば妻のありがたさだというのだ。営業職に従事する彼は、もともと体力には自信があり、「自分の力で生きていける」ことを当たり前と思っていた。ところが、病気を発症してからは、「生かされている自分」に気づくことになる。自分を支えているのは、インスリンという薬の存在であり医療スタッフの存在、そして病気を理解してくれる会社の同僚であるという。さらに、何にも増して自分が生きていられるのは、食事療法のすべてを受

け持ってくれている妻の存在であるという。

Cさん、Eさん、Fさんは、血糖値を手がかりに自分の身体に働きかけることを通して、自己の身体と他者の存在への気づき、そしてそれを契機とする周囲の人との関係の調整を生み出しているのである。

第4章で紹介したように、出口は、アザンデ社会の妖術をめぐる一連の手続きの中に、人間関係の基盤にある倫理的な行為を読み解いている。この倫理の前提にあるのは、「他者になりえたかもしれない自己」を想定したときに生まれてくる他者に対する謙虚さや配慮である（出口 2003）。糖尿病者の身体への働きかけを通して現れる自己像に、出口のいう「自己の中の他者」の概念をそのまま適用することには一考の余地があるが、自己の中に他者が入り込むという意味では、出口の概念と糖尿病者の自己観とは重なっている。

3人の事例から、糖尿病者が自分の身体と向き合うときに現れる自己像を、他者と交流する自己として提示できるだろう。自己の行動を決定付けるのは自分を思ってくれる他者の存在であり、この他者の存在によって生きる方向性が導かれる。ここには、血糖値を指標として身体に働きかけるときに生じる他者との交流が病気や治療と向き合うことを動機づけ、感覚や情動を引き起こしながら、新たな技法を編み出していくという自己のあり方を見てとれる。

以上のように示された身体と自己のあり方とは、他者から分離され、境界付けられている生理的身体ではなく、相互交渉の場としての身体であり、同時に、自律した自己ではなく、他者が入り込む自己である。いいかえれば、科学的数値としての血糖値を手がかりとした身体への働きかけは、他者との交流によって「〈いまここ〉を生きる身体」を知覚させる。と同時に、自分の身体に気配りをすることが、結果的に他者の存在に配慮することになる。そのプロセスでは、他者からの気遣いと自己に入り込む他者への配慮とが、自己の身体への働きかけを引き起こすという、身体をめぐる自己と他者との相互交流を見てとることができる。

5 生‐権力からはずれる身体

今日、近代科学の知に基づいた基準が健康維持や病気予防の規範となり、日常生活の微細な領域にまで浸透している。そのことは、私たちが科学的な知を基盤とする生物医療と切り離した生活を送ることはもはや不可能であるということを意味している。だからといって、身体や自己は生物医療の専門的な知識や医療テクノロジーに従属している、もしくはそこから逸脱していると単純に言ってしまうと、現実を捉え損ねることになる。文化としての医療テクノロジーと身体性というきわめて現代的なテーマに接近するためには、身体性を生物医療の外部に求めたり、過去の慣習や身体観に求めたりするだけでは不十分なのである。

ここでは、糖尿病者の自己と身体への働きかけを通して、「〈いまここ〉に生きる身体」と「糖尿病である身体」との間をいったん切り離し、再び結びつける血糖値について検討し、科学的数値としての血糖値がもつ規範性や共通性そして個別性について提示してきた。なかでも、患者会では血糖値が参加者の病いの進行状況や身体の状態を相互参照するための指標となるだけでなく、他者の日常生活に対する想像力を喚起させ、他者の暮らしへの配慮を生み出していた。さらに、血糖値が固有の身体感覚と結びつくとき、そこには近代的な規範による身体性の喪失や関係性の切断ではなく、〈いまここ〉を生きる身体の経験や周囲の人との関係の再調整が生まれることを見ることができた。また、関係性の調整の前提となるのは、近代的で自律した自己ではなく、「他者が入り込む自己」であった。血糖値を手がかりに身体に働きかけるという取り組みによって、それを支える他者の存在に気づき、他者に配慮する生き方を模索するという、自己と他者との相互交流を生み出していた。

現代社会では医療専門家と保健医療政策によるボディ・ポリティクスが私たちの日常生活に遍《あまね》く浸透していることは確かである。けれども、糖尿病患者会で見られた他者の暮らしへの想像力の喚起、そして日常生活での身体性の発見や身体技法の習得のプロセスに、ボディ・ポリティクスからはずれる身体を見出すことができた。さらに、それは医療的言説の内部、しかも医療専門家との協働的な取り組みの中にこそ存在する。言い方をかえれば、ここに現れている身体は規律–訓練を内面化する身体でもなく、かといってそれに抗う身体でもない身体のあり方である。

病気と診断された身体と〈いまここ〉を生きる身体との間を科学的数値によって架橋する糖尿病者の身体実践は、慢性病一般に見られる現代社会の身体観の現れとして位置付けられるのではないだろうか。

＊本章は、『応用社会学研究』２００８年3月号に掲載された論文「科学的数値をめぐる身体性と共同性——糖尿病者の身体を介した協働的実践の事例から」に大幅に加筆修正したものである。

参考文献

出口顕　二〇〇三『レヴィ＝ストロース斜め読み』青弓社

フーコー、ミシェル　一九八六＝一九七六　渡辺守章『性の歴史Ⅰ　知への意志』新潮社

ギアーツ、クリフォード　一九八七＝一九七三　吉田禎吾ほか訳『文化の解釈学』Ⅰ・Ⅱ、岩波書店

後藤由夫監　一九九九『最新情報　糖尿病のすべて――合併症の予防と治療――』ＮＨＫ出版

香川靖雄　二〇〇〇『生活習慣病を防ぐ：健康寿命をめざして』岩波書店

厚生省公衆衛生審議会　一九九六「生活習慣に着目した疾病対策の基本的方向性について（意見具申）」

モース、マルセル　一九七六＝一九六八　有地亨・山口俊夫共訳「身体技法」、『社会学と人類学Ⅱ』弘文堂

高見茂人　一九九一『検査値で読む人体』講談社現代新書

浮ヶ谷幸代　二〇〇四a『病気だけど病気ではない：糖尿病とともに生きる生活世界』誠信書房

二〇〇四b「『病気である』と『病気ではない』を生きる：1型糖尿病者の事例から」近藤英俊・浮ヶ谷幸代編『現代医療の民族誌』明石書店

二〇〇八「科学的数値をめぐる身体性と共同性――糖尿病者の身体を介した協働的実践の事例から」『応用社会学研究』No.50、一四一－一五四頁

Wendell, Susan　1996 *The Rejected Body: Feminist philosophical Reflections on Disability*, Routledge, New York.

第6章

性の越境の多様性

カテゴリーの境界をめぐる問題がひときわ顕在化するのは、ジェンダー・セクシュアリティの領域である。ここでは、まず日本における「性同一性障害」をめぐる現象をとりあげる。性同一性障害と診断する側の名付けの論理と、名付けられる当事者の捉え方を紹介する。精神医学の診断基準や法的規制と当事者側の主張との齟齬《そご》から、残されている問題について検討する。

次に、性の境界領域に生きる人たちを宗教的役割を担う存在として位置付けてきた例として、インドの「ヒジュラ」と呼ばれる人たちのことをとりあげる。これまで人類学は世界各地において、霊的職能者や民間治療者としての役割を担う性の境界領域に位置する人たちについて研究してきた。本章では、現代社会の「性同一性障害」をめぐる問題を別の角度から考察するために、「男でもなく女でもなく」という性の境界領域に位置する宗教的な帰依者としての役割を担うヒジュラに着目する。

最後に、性の越境の多様性という視点から、性同一性障害に対する精神医学による解釈や法的な処置による意義と問題点、さらには近代以降の「強制」性別二元論社会が前提としている「アイデンティティ」という概念それ自体がもたらす問題について考えてみたい。

1

性別二元論と境界

性について考える際に私たちが前提とするのは、近代以降の欧米社会における「強制」性別二元論である。なぜ「強制」なのか、簡単に説明しておきたい。

そもそも人間社会において、近代以前であっても、また世界各地の社会を比較しても、性別二元論ではない社会はなかった。かといって、性別二元論社会であっても、性別二元論に収まらない「男でもなく女でもない」境界領域に位置する人たちが存在しない社会もなかった。アーカイックな社会では、性の境界領域にいる人たちは、ある種の特別な力があると見なされ、霊的職能者、芸術家、治療者といった社会的役割が付与されていた。

近代以前と近代以降とで決定的に異なるのは、性別二元論をどう捉え、その二元論に収まらない人たちをどう位置付けているのか、という点である。近代欧米社会は、「男でもなく女でもなく」という性の境界性に対して不寛容な社会である。言いかえれば、男女のどちらかに分類しようとしてもできない「あいまいでどっちつかず」な存在を抑圧し、排除する社会である。その領域にいる人たちをどちらか一方に振り分けることを強制するという意味で、「強制」性別二元論社会であると表現したのである。

フランスの哲学者ボーヴォワールの「第二の性」という言葉から読みとることができるように、性別には階層性がある。これは、人間社会には男性と女性という二つの性が存在するが、第一の位置にあるのが男性であり、第二に位置するのが女性であるということを意味する。この二つの性の階層性は、社会的に優劣の差があり、女性は男性に比べて劣位にあるということを示している。

ここでは、第一の性と第二の性とを区別する性別二元論を前提とし、現代社会の性別二元論からこぼれおちている境界領域に生きる人たちの存在についてとりあげる。日本を含めて欧米社会では、精神医学による枠組みに依拠して、そうした男女の境界領域にいる人たちを「性同一性障害」と呼ぶようになってきた。その結果、境界領域の人たちは精神医学による診断・治療の対象となったが、当事者にとってそれはスタートになったとしてもゴールとなるわけではなく、現在でもさまざまな問題を抱えている。

また、インドには、人類学者のセレナ・ナンダが第三の性と名付けた「ヒジュラ」と呼ばれる人たちがいる。ナンダによって、ヒジュラは「男でもなく女でもない Neither Man nor Woman」存在、つまり「第三の性」として新たに位置付けられた。この言葉の誕生は、二元論が前提とされる近代社会で、不可視とされてきた境界領域の存在を可視化したという意味では、それなりの意義をもつ。しかし、そうした名付けによって新たな問題も生まれている。

本章では、男と女の境界領域に生きる人たちが、医学的、法的、宗教的にどのように位置付けられているのかに着目し、そうした文化装置の中で、当事者たちはどのように対処しているのか、日本とインドを例に見ていきたい。

2 「性同一性障害」をめぐる意味付け――日本の場合

（1）セクシュアリティにかかわる用語

「性同一性障害」について検討する前に、基本的な用語について説明しておきたい。

ここでいうジェンダー gender とは、社会的な性別（性差）のことであり、社会的に構築されたカテゴリー、概念、実践を含んでいる。それに対して、セックス sex とは外性器や内性器の構造、内分泌系を含む身体的機能などに関する生物学的な性別（性差）のことである。簡単に言えば、後者は生まれ落ちたとき、産婦人科医か助産師によって「男の子ですよ」「女の子ですよ」と名指される性別のことである。その類語として、セクシュアリティという言葉があるが、これを一言でいえば、性的特質もしくは性の指向性のことである。

こうした用語に基づいて、自分の性をどう認識しているのかという、性に対する自己認識を意味する言葉として性自認（性的同一性）gender identity という用語がある。性同一性障害という医学上の言葉は、gender identity disorder という英語の翻訳であり、生物学的性別 sex と自分が認識している性別 gender とが一致しないこと（障害）を意味する。一般的には、からだの性（sex）とこころの性（gender）とが一致しない、という言い方がなされている。

他方で、性自認と混同されやすいのが性的指向 sexual orientation であり、こちらは性愛の対象が男女のどちらなのかを指す言葉である。性愛が、異性に向けばヘテロセクシュアル、同性に向けばホモセクシュアル、異性と同性とのどちらにも向けばバイセクシュアル、どちらにも向かない、つまり性愛という指向をもたない人はエイ（ノン）セクシュアルと呼ばれている。実際のところ、性自認と性的指向とは複雑に重なり合っており、むしろそうした用語によってセクシュアリティを特定の視点から切り取るようになったのは近代になってからである。詳細な分析と解説は村上・石田共著論文に任せたい（村上・石田 2006）。

さらに、ＴＧ（trans gender：トランスジェンダー）と称されるのは、外見や外装、振る舞いがもう一つの性に越境することであり、生物的身体の変工にまで至らない性別変化とされてきた。現在では、広義に「ジェンダーのラベル付けに当てはまらない人たち」（トランスヴェスタイト：異性装者、ドラァグクイーン：女装パフォーマンスなども含む）を包括する用語として用いられている。それに対して、ＴＳ（trans sexual：トランスセクシュアル）とは、ＳＲＳ（sexual reassignment surgery：性別再判定手術）を経た身体レベルでの性別越境を意味している。けれども実際はＴＳとＴＧという区分けも明確なものではなく連続している。この用語に説明的に付加される言葉として、ＭｔＦ（Male to Female：男性から女性へ）、ＦｔＭ（Female to Male：女性から男性へ）という用語があり、その変化がどのレベルの越境を意味するかによって、ＴＳやＴＧとを結び付けてＭｔＦ－ＴＧとかＦｔＭ－ＴＳという用語として用いられる。

ところで、近接領域の用語として、インターセックス（半陰陽）という言葉がある。この言葉は、一つの身体に生物学的に男性と女性の特性が両方存在するという状態を意味している。インドのヒジュラに当てはめられることもあるが、精神医学的にいえば、性同一性障害とは明らかに異なるとされている（後述する）。

（２）「男」と「女」――精神医学の扱い方

日本では、１９９７年に日本精神神経学会が「性同一性障害に関する答申と提言」を提出し、１９９８年に国内初のＳＲＳが行われたことを契機に、「性同一性障害」という言葉が社会的に流布されるようになった。もちろん、一般の人たちに浸透したのは、性同一性障害と名乗る人物が登場するテレビドラマ『3年B組金八先生』の影響が大きい。２００７年度現在、埼玉医科大学を含めて「ジェンダー・クリニック」もしくは「性同一性障害専門外来」を標榜《ひょうぼう》する施設は5ヵ所である。２００６年には、当事者の声を反映しつつ、規制緩和に向けた診断・治療ガイドラインの改訂（第3版）がなされたが、いまだ問題は残されている。

そこで、「性同一性障害」が精神医学における疾病として位置付けられたことにより、当事者にどのような影響を与えているのかを考察するために、精神医学における定義、具体的には診断と治療のガイドラインを参照し、検討してみたい。

まず、性同一性障害の定義を見てみよう。ガイドラインによれば「生物学的には完全に正常であり、しかも自分の肉体がどちらの性に属しているかをはっきり認知していながら、その反面で、人格的には自分が別の性に属していると確信している状態」（傍点は引用者）とされている（特別委員会 1997）。「生物学的には完全に正常」という部分から、この定義では両性をあわせもつインターセックスは「異常」と見なされるために除外される。また、後に検討するが、「はっきり認知してい」ながら、「別の性に属していると確信している」という文言が示すように、どちらの性に属するかという認識に対する「あいまいでどっちつかず」の状態、すなわち境界領域における「男でもなく女でもない」存在は許容されない定義となっている。

ガイドラインによる診断は、性別変更希望者からの生育歴の聞き取りに加えて、家族や親しい人たちから情報を得ることで、本人が自らの性 gender についていかに認識しているかという、性の自己認識 gender identity の決定が行われる。次に、染色体の検査、ホルモン検査、内性器・外性器の検査、生殖腺検査などの生物学的な身体レベルでの性 sex を決定する。その際に、先に述べたように、半陰陽など生物学的に「異常」ならば除外される。さらに、性に対する自己認識が、精神障害などの原因による認識でないことを確認する。これらのことを総合したうえで、2名以上の精神科医によって「性同一性障害」と診断されることになる。

次に、治療のガイドラインを見てみよう。治療には大きく分けて、精神療法、ホルモン療法、手術療法の3段階がある。精神療法は、カウンセリングの機能をあわせもつ。本人の生活史を中心に、これまで受けてきた精神的、社会的、身体的苦痛について詳細に聞き取り、選択した性での生活を1年以上行うことで、希望する性の選択が揺るぎなく安定していることを医療チームの中で検討し、決定する。

精神療法での段階を終えて、条件が満たされていれば、ホルモン療法へと進む。条件とは、十分な身体診察と必要な検査を行い（内分泌系にかかわる疾病の有無など）、身体的に支障がないことを確認すること。また本人だけでなく、家族やパートナーに対して、効果と限界、副作用（骨が脆《もろ》くなるなど）について説明し、同意を得ることである。ここでは、内分泌学、泌尿器科学、産婦人科学の専門家によって治療が行われる。なかでも、当事者にとって重要な事項は、満20歳以上という年齢制限があることである。

最後に、ＳＲＳと呼ばれる手術療法がある。この段階に進むには、第一、第二の療法を経てもなおかつ、生物学的性と社会的性との不一致に悩み、強く手術療法を望んでいる必要がある。そして、手術療法の条件はホルモン療法と同様、満20歳以上であることである（特別委員会 1997）。

以上見てきたことから、診断と治療のガイドラインの特徴は、①性同一性障害は疾病であること、②ガイドラインに依拠して診断されれば、治療の対象となること、③条件さえ満たせば、合法的に手術は可能であること、という点に集約される。言い方をかえれば、身体レベルの性別変更を希望する場合、性の自己認識のあり方を決定する権限は、現代では近代的制度としての精神医学にあるということなのである。

確かに、日本ではこれまで手術を希望しても、性転換のための手術は合法とされていなかった。１９７０年、男性の外性器を切除した東京都の産婦人科医に有罪判決が下されたブルーボーイ事件を契機として、１９９７年のガイドラインの提言に至るまでの30年間は、当事者にとって暗黒時代といわれた。有罪とされた根拠は、当時の優生保護法（現母体保護法）28条禁止項目にある「何人も、この法律の規定による場合の外、故なく、生殖を不能にすることを目的として手術又はレントゲン照射を行ってはならない」という文言である。手術の理由が「生殖を不能にすること」ではなかったにせよ、結果的に「性転換手術」は生殖不能とすることになり、法に抵触することから医師は有罪とされた。

この判決を機に、日本では性別変更のための手術は非合法とされ、この問題は医学が扱う対象ではないという認識のもと、社会的にも等閑視されていく。性別変更の手術を希望する者は、闇の手術に任せるか、海外での手術を受けるしか方法がなかったのである。この時期と比べれば、ガイドラインの策定は当事者たちにとって福音であり、一歩前進したといえるかもしれない。

ところが、ことはそう単純ではなく、手術の合法化という点では問題が解消されたものの、ガイドラインによる規定がもたらす法律上の問題や社会的な問題など、多くの問題を積み残している。

（3）性のグラデーション――当事者の「性」の捉え方

残された問題を検討する前に、当事者たちがどのように自分の性を捉えていたかについて、1998年当時の新聞記事から紹介しよう。

この頃、日本初のSRS実施を目の前にして、識者の見解や当事者の取材記事などの新聞報道が急増する。比較文化論者の四方田犬彦は、西洋に比べ近代以前の日本社会では生物学的なセックス以上に衣装やしぐさを重視していたことを指摘し、SRSという合法的な手術は日本では寛容に迎え入れられるかもしれないと述べている（1988年6月3日付毎日新聞）。確かに、役者が全員男性である歌舞伎の世界や、演者が全員女性である宝塚歌劇団などに見られるように、日本の伝統的な演劇においてTGは受け入れられているといえそうだ。

けれども、役者やタレントなどの職種を除いて、社会で普通に仕事をもち、生きていこうとしている当事者にとって、社会が寛容であるかどうかは別問題である。1998年当時、新聞各紙が性別変更で悩む人たちを取材した記事を掲載している。なかでも、朝日新聞は「越境する人々：性同一性障害の実像」と題し、「上」「下」二回にわたって関連記事を掲載している。

「上」の記事では、当事者たちが性別変更に対する社会の正しい理解と法の整備について訴えている。当事者がどう思い、社会はそれをどう受け止めているのかについて、FtMとMtFの二人のカップルを紹介している。以下の引用は、その概要である。

友美さん（仮名）：26歳

埼玉医大でのＳＲＳを待ち望むＦｔＭの友美さんは、幼い頃から男の服装や遊びにしか興味がもてず、女友達に好意を抱く自分が不安になった。女子高に進んだが、女性ばかりの中で息苦しく、体調を崩し、入院してしまった。高校を退学した後、肉体労働の仕事をしたが、何もいわなければ男として雇われ、女性とわかると解雇された。その頃のことを、「僕の心は男。体が女であることのほうが間違いなんです。手術で体を取り戻せば本当の人生が始まる」と述べている。（1998年9月4日付朝日新聞朝刊）

俊さん（仮名）：30歳

ＭｔＦの俊さんは、思春期に自分の体が男らしくなることに嫌悪感を抱いていた。海外で手術を受けた芸能人のようにはなれないと、心の内を抑えて学生生活を送り、男として就職した。仕事中は、忘れることができたが、空虚感は深まり、数年前に自分の性に違和感を抱える人たちの自助グループに参加するようになった。女性ホルモンを飲み始め、仕事は辞めた。世間の視線の中で女性として生きていけるか、それが大きな負担となっている。俊さんは、「心と体のずれ。それは自分が選んだものではない」と述べている。（1998年9月4日付朝日新聞朝刊）

俊さんは、自助グループで友美さんと出会い、現在友美さんのパートナーとして暮らしている。

「下」の記事では、性別変更を望まない当事者の声を紹介している。

晶さん（仮名）：34歳

晶さんは、女性ホルモンを打ち始めたが、SRSを受けるつもりはない。男でもあり、女でもある体に満足している。性を変えたいと思ったのは、自分の中にある暴力性や粗雑さなど、男性的な部分に嫌悪感を抱いたことがきっかけだった。けれど、男と女と分ける考え方に疑問を持ち始めている。晶さんは「男と女両方の部分が自分の中にある。どちらの性と聞かれたら、『私の性』というしかない。でもそれが私にはマッチしている」という。晶さんは、女性に変わり始めた頃、「男として雇ったのに困る」と職場を解雇された経験や、家族から「男にもどれ」といわれた経験がある。履歴書の性別欄を空白にして女性として採用された今の職場で、男であることを知られないかと心配する。（1998年9月5日付朝日新聞朝刊）

私たちの社会は、当事者に男か女かのどちらか一方を選択することを強制し、「あいまいでどっちつかず」の性であり続けることを許さない社会である。

当事者たちを中心に発足した「TSとTGを支える人々の会」では、性のあり方は、男と女という二極の間での段階的な濃淡、「グラデーション」として捉えられている。体が男性であっても、より女性的な服装や振る舞いを好む人がいるとともに、体が女性であっても、より男性的な服装や振る舞いを好む人がいるというように、性のありようは個人によってさまざまであるという主張である。

また、インターセックスのように二元論それ自体に収まらない人たちもいる。当事者たちは、性の二分割を強制する性別二元論社会で、そうした状況を包括的に言い表すために、性の多様性という言葉を提示している（橋本・花立・島津 2003）。この問題については、最後にとりあげる。

（4）残されている課題

先に述べたように、1997年に日本精神神経学会に提出された「性同一性障害」に関するガイドラインが条件を満たす限り、手術を合法と認定したことは当事者にとって朗報であった。精神医学という近代的制度によるお墨付けが与えられたことは、性別変更の悩みがアンダーグランドなものではなく、社会的に正しく認知されるべきものに変わったということでもあった。

ところが、身体上の問題がクリアされても、戸籍上の問題や社会的な偏見、差別の問題が解消されたわけではない。トイレや入浴場など公的な場での男女の区別によって、誤解や戸惑い、偏見を生み出している。また、保険証の性別は戸籍上の性別であり、医療機関での受診や入院では、外見の性別と記載される性別との不一致が医療者には混乱をもたらし、当事者には苦渋《くじゅう》のもとになっている。

2003年1月の朝日新聞に、「紙の性別」に苦しむ当事者の声が掲載されている。日本では、これまで戸籍上での性別変更の申し立てがいくつもなされてきたが、すべて却下された。名前の変更に関しては「やむを得ない場合」のみ許可されているが、性別変更が不許可でありながら、名前だけが変更可能という状況もまた、混乱状態を招いている。さらには、性別の変更が認められないために、婚姻も認められない状況にある。公的な手続きで性別に関する記載は至る所にあり、そのたびに当事者に多くの不安や疎外感、絶望感を与えているという訴えである。

当事者の訴えや一部の自治体の動きに応える形で、２００４年7月に条件付きで戸籍上の性別変更を認める「性同一性障害特例法」(以下特例法)が施行された。特例法は、6項目の条件を満たせば、戸籍上の性別変更を認めるというものである。具体的には、①複数の医師による性同一性障害の診断、②20歳以上であること、③独身であること、④子がいないこと、⑤生殖能力がないこと、⑥外見的に望む性に似た性器をもつことが条件とされた。戸籍上の性別変更を可能にするには、かなり厳しい条件をクリアしなければならないことになる。

この特例法の要件を検討した法学研究者の谷口洋幸は、問題点として次の5点を指摘する。1点目、②の年齢制限に関する規定は、民法上、判断能力があるとされる年齢が基準となっている。しかし、婚姻適齢、「児童」年齢、自動車免許取得年齢、氏《うじ》の選択や養子縁組の同意、遺言作成の年齢、そして刑事法での刑事責任が問われる年齢など、多岐にわたることから、ガイドライン上の年齢規定を一律20歳以上とするには再検討が必要であるということ。2点目、③に関して、婚姻関係にある個人が性別変更を望む場合、結果的に離婚を余儀なくされることになる。さらに、同性同士の婚姻の可能性が想定されていない。3点目、④に関して、これは家族秩序に混乱を生じさせ、子供の福祉に影響することを理由に規定されているが、「子どもの最善の利益」という制約の目的があいまいである。4点目、⑤に関しては、性と生殖に関する権利から不当な規定であると指摘する。5点目、⑥に関しては、この条件はホルモン療法やＳＲＳが前提となっており、身体的、経済的な理由で医学的な治療を受けられない当事者が排除されてしまう（谷口 2008）。

さて、ここで「性同一性障害」という名称がもたらす問題について、改めて検討してみたい。性別変更の手術が合法的になったこと、法的な改正により社会的認知が少しずつ進んだことなどを考えれば、「性同一性障害」という精神医学における位置付けも、当事者にとってプラスに働いたことは確かであろう。ただし、ＦｔＭとＭｔＦを志向することは、性別二元論社会における性別区分への強制を変えることにはならない。むしろ、男か女かという二分法を強化し、その体制を支えることになる。そのうえ、性の決定権を精神医学の専門家に全面的に委《ゆだ》ねることになる。

また、性同一性障害と名付けられる人たちがみな、手術を望むわけではない。当事者の多くは、身体レベルでの性別変更を希望しているわけではない。むしろ、自助グループが明言しているように、当事者にとっての性の自認のあり方は、男と女を二極としその間の連続性を認める性のグラデーションという捉え方である。この認識は、「強制」性別二元論社会を揺るがし、そのあり方に再考を迫るものである。

さらに、性同一性障害という名称は、重大な問題を抱え込んでいる。当事者が性のありようはグラデーションであると主張しているにもかかわらず、「障害」と名付けることにより、健常者と障害者という区分を前提に、障害者という名称を当事者に割り当てるからである。また、特例法に見られたように、法的な承認の根拠となるのが精神医学のガイドラインとＳＲＳである。ＳＲＳを希望しないＴＧの当事者にとって、「障害者」という名付けに抵抗があるだけでなく、戸籍の性別変更のためには身体の性別変更を余儀なくされる。この名称は、精神医学の特権的な解釈によって、性自認に対する本人の認識のあり方を蔑《ないがし》ろにする、当事者にとってきわめて不本意な名称となる（市野澤 2009）。

それだけでなく、男女の境界性から見ると、たとえSRSが合法的となっても、診断と治療のガイドラインや性同一性障害特例法で前提とされているのは明確な性別二元論の世界である。くり返すが、FtMであれMtFであれ、それを実践することは、当事者の意図にかかわらず、男か女かという二者択一的な二元論世界を支えることになる。つまり、「男でもなく女でもなく」という「あいまいでどっちつかず」の境界領域を排除する方向に働くのである。これは、当事者の声にあったような、「男でもなく女でもなく『自分の性』である」という捉え方を捨象してしまう危うさがある。

そこで、次に「男でもなく女でもない」性の境界領域を文化装置として保持しているインドのヒジュラについて紹介しよう。

3　ヒジュラはヒジュラ――インドの場合

（1）「男でもなく女でもなく」――ヒジュラの聖なる世界

インドには「ヒジュラ」と総称される人たちがいる（ヒジュラとは学術用語であり、各地域によってそれぞれ現地語による呼称をもつ）。性別の判定がつかない半陰陽と見なされた人がヒジュラになるとされるが、大半は男性として生まれてきた人たちである。女性の衣装とされるサリーを身にまとい、日々の生活の糧を得ている。

人類学者のセレナ・ナンダによれば、インド社会では、半身男性、半身女性の両性具有として描かれるシヴァ神を代表に、神は男と女が一体となって完全な姿であり、それに似せられる人間には両性的なものが含まれているという信仰があり、シヴァ神に自分自身を重ねるヒジュラがいるという（ナンダ 1999=1990: 73-74）。ヒジュラにとって重要なことは、世俗の男ではないことを証明する去勢（ペニスの切除）という実践である。去勢を通じて、性欲と生殖能力を放棄することが、ヒジュラのアイデンティティを支えており、そこに世俗世界の男と異なる価値がある。生殖能力を放棄することで、その代償として世俗の人たちに生殖能力を授ける力が付与されるとされている。その力は、シャクティ（聖なる力）とも呼ばれ、女神から与えられたものとされる（ナンダ 1999=1990）。

ヒジュラには、性欲を露骨に顕《あらわ》にしてセックスワークに従事しているヒジュラと、禁欲を意味する去勢儀礼を経て伝統的な儀礼を担うヒジュラとが存在する。ここでは後者の例として、北西インドのグジャラート州にあるヒンドゥー女神バフチャラー寺院に集まるヒジュラをとりあげる。以下の話は人類学者、國弘暁子の著書（2009a）を参考にしている。

バフチャラー寺院には参詣者に女神の恩寵を授けるという儀礼的役割を担うヒジュラがいる。この寺院の由来とヒジュラとの関係は、バフチャラー女神信仰の民間伝承のなかに表れている。吟遊詩人（チャーラナ・カースト）に属する女性バフチャラーが兄弟姉妹とともに旅の途中、盗賊に襲われ、自害する際に、姉妹たちは盗賊に「ヒジュラになれ」という呪いの言葉を吐いた。この呪いから解き放たれるために、盗賊はバフチャラーを女神として祀《まつ》る寺院を建て、ヒジュラとして女神に帰依することになったという伝承である（國弘 2009b: 174-176）。

女神のシャクティは、現世での人生上の危機や節目を乗り越えるために不可欠なものだと信じられている。女神寺院の参詣者たちは、女神に帰依する存在としてヒジュラに敬意を表し、女神の恩寵を授けてくれるようにお願いする。ヒジュラたちは人々が抱えるバール（負の性質）、ドゥック（苦しみ）を除去することができる。アーシールワーダ（恩寵、祝福、加護）と呪詛との二つの力は、生殖能力を放棄することで与えられたものであり、とりわけアーシールワーダは結婚儀礼や誕生儀礼に生命の力を付与する力として欠かせないものである。

そこで、女神の恩寵をヒジュラが与える例として、男児の人生の門出を迎えるうえで最も好ましい状態を得るために行われる行為について紹介しよう。男児が生まれると、男児に備わるバールを象徴的に除去するために、剃髪儀礼が行われる。剃髪が終わると、寺院にいるヒジュラのもとに行き、子どもをあやしてくれるようにお願いする。ヒジュラは子どもをひざの上に座らせ、仲間と歌を歌い、踊ってみせる。歌い終わると、ヒジュラは男児の頭の上に手を当て、入学試験の合格や仕事での成功を告げて、男児の将来が有望であることを告げる。他にも、病いの治癒や安産など、女神のアーシールワーダのお陰で祈願が成就するとされている。

次に、大人たちは、自分たちにもアーシールワーダを授けてほしいとヒジュラにお願いする。そのときの動作は、ヒジュラの前で頭を垂れ、地面にひれ伏し、ヒジュラの手によって頭に触れてもらう。さらに、大人たちは、自分の手でヒジュラの足に触れる。この一連の動作により、人々はヒジュラの身体に触れて、女神に帰依するヒジュラに備わったシャクティを、アーシールワーダとして受け取ろうとするのである。

人々のこうした身体的接触による境界領域での交流において、聖なる領域と俗なる領域を接続させる具体的なものとして「身体」が介在していることは注目に値する。國弘は、ラダソアミ信仰では、指導者（グル）と信者との関係において、信者はグルの足を洗った水を飲み込み、グルの唾液が混じった食べ残しを口にすることで、グルの加護を受けるという例について紹介している。身体の内部と外部の境界領域に位置する足の皮膚の残渣《ざんさ》や唾液を取り入れる、また取り入れないまでも触れることで、人生の加護をお願いし、アーシールワーダを受け取るのである（國弘 2009a: 105-106）。第４章の臓器移植の節で述べたが、身体の一部がいかに治癒の力や呪力を秘めているのかが、ヒジュラへの人々の祈願の行為からもうかがえる。

ところが、ヒジュラのように境界領域にあるがゆえの聖なる力への信仰は、男と女という厳格な区分けを前提とする「強制」性別二元論社会では、徐々に弱められていく。ヒジュラはまさしく「男でもなく女でもない」境界領域にある存在であり、その特性として「あいまいでどっちつかず」な両義的存在である。この両義性とあいまいさをもつヒジュラを、植民地時代、「強制」性別二元論社会であるイギリスは、許すべからざる存在として排除の対象としてきた。しかし、インド社会では、ヒジュラは文化的な変容を被りながらも、性別の境界という聖なる領域にあるがゆえに、宗教的な意味と力をもち、特別な役割を付与された存在としてあり続けている。

ヒジュラは、去勢により「男ではない」存在となるが、それは「女である」ことを意味しているわけではない。あくまでも「ヒジュラはヒジュラ」（学術用語での表現）である。セレナ・ナンダは、去勢儀礼を通じて現世を放棄したとされるヒジュラを、男と女の強固な二元論社会に抗する第三のカテゴリー、「第三の性」として位置付けた（ナンダ 1999=1990）。「第三の性」ということばは、性の揺らぎの中に位置する人たちの間に広がり、日本の性同一性障害と名付けられる人たちの間にも浸透するようになる。けれども、性同一性障害という名付けが新たな問題を抱えるように、「第三の性」という名付けも、いくつかの問題を生み出している。

（2）「男でもあり女でもあり」——ヒジュラの生活世界

ここでは、國弘の著書に拠りつつ、國弘が指摘する重要な課題について検討してみたい（國弘 2009a）。バフチャラー寺院のヒジュラたちの社会的な役割としての活動は、聖なる場所としてのバフチャラー寺院を中心とする。そこでのヒジュラは、バフチャラー女神に帰依する存在であり、参詣者に女神の恩寵を授ける儀礼的役割を担っている。

他方で、寺院以外の日常生活では、ヒジュラたちはいったいどのように過ごしているのだろうか。親族や近隣の人たちとの付き合い方はどうなっているのだろうか。國弘によれば、ヒジュラであっても世俗の日常生活では、一般的には親族の関係名称を用いた「マーシー（母方伯母・叔母）」という語で呼ばれている。また、地縁関係ではより親近感を表す名称「ファイ（父の姉妹）」と呼ばれることで、親族間の序列や役割と結びついたジェンダー役割を担うことになる。

また、インドでは年2回、兄弟と姉妹との間で交流する祝祭行事がある。この行事の遂行には兄弟姉妹の存在が不可欠である。兄弟姉妹がいない場合、代行する他人が選ばれる。このとき、「儀礼的親族関係」を結ぶ「男性」もしくは「女性」として、ヒジュラが選ばれることがある。これはヒジュラが、世俗での役割をそのまま遂行するという証しである。

さらに、ヒジュラになる前からの友人、知人、親や兄弟姉妹の前では、「男性」として扱われる。甥や姪に対しては男性の親族として贈与の義務を果たしている。あるヒジュラは、自分を育ててくれた実の姉たちに対しては弟であると認識しているので、甥に「マーマー（母方伯父・叔父）」からの贈り物として銀の足輪を贈った。また、ヒジュラになる前に幼児婚によって決められた妻とともに生家に暮らす人もいる。家族は男性の名前で呼び、近隣の人からは男性親族の呼称「マーマー」で呼びかけられる。ヒジュラの仲間からも、男性名で呼ばれることがある。

ヒジュラのこうした世俗の人たちとの関係をまとめると、ヒジュラたちは相対する他者に応じて、「男性」「女性」という役割を担い分け、それぞれの状況に応じた言動をとっている。聖なる領域での「男でもなく女でもない」役割と、俗社会での性別役割を前提とした付き合いを共存させ、性別カテゴリーの横断を容易にする戦術をとっているのである。

それに対して、「第三の性」と名付けることは、性別のもう一つのカテゴリーを設定し、二つの性の分類に収まらない領域をもう一つ別の分類に区分けするという危うさをはらんでいる。このことは、性の多様性や揺らぎを一義的に固定する方向に働くことになる。さらに、聖なる領域のみの表象は、ヒジュラの等身大の生き方を日常生活から離脱した存在として位置付けてしまうことになる。

國弘によれば、2005年インドの新聞に、パスポート申請フォームの性別欄に「M（男性）」と「F（女性）」の他に、ユーナック「E」を設けることになったことを報じる記事が掲載されたという。「E」を設定することは、性別カテゴリーを横断する戦術を無効化し、ヒジュラを一義的に位置付けるものである。さらに、國弘が危惧するのは、「E」という政治的なカテゴリーの誕生は、女神に帰依する存在としての地位をヒジュラたちから奪うことにもなりかねないことである。「E」という世俗社会でのカテゴリー化は、聖なる存在としての地位とアーシールワーダを付与する力さえも失わせることになるというのである。

4 性の多様性とアイデンティティ

最後に、ヒジュラに対する「E」という名付けと「性同一性障害」という名称をめぐる問題についてまとめておこう。ここで再考すべき点として2点あげておく。1点目は、性の越境の多様性についてである。2点目は、性の越境性に深くかかわる問題として、「ジェンダー・アイデンティティ（性的同一性）」の語にある「アイデンティティ」という概念についてである。

まずは、性の越境性についてである。

男性と女性との境界領域に位置する人たちを性同一性障害の診断基準によって治療することは、個人の性別変更の希望をかなえることを可能にするが、一方で性のグラデーション的なありようを排除してしまい、性別二元論システムを強化する方向に働くことを指摘した。性同一性障害という診断名は外から与えられた名称であり、性の境界性を一義的に固定するものである。性の多様性を主張する人たちは、性同一性障害という名称が浸透することで、性別二元論社会での性の自認のあり方が固定されることを危惧している。

また、インドのヒジュラ文化では、「男でもなく女でもなく」という性の境界領域は宗教的な文脈において聖なる領域として位置付けられるが、同時に世俗社会でのヒジュラは、相手によって臨機応変に「男性」「女性」として振る舞うというあり方を維持している。ヒジュラを政治的レベルでの新たなカテゴリーとして「E」に位置付けることもまた、聖なる世界と俗社会との間を柔軟に越境して生きる術《すべ》を無効化し、そのうえヒジュラの聖なる力を奪いかねないということであった。

これまで見てきたように、当事者の視点から見れば、日本の性同一性障害をめぐっては性自認のあり方の多様性をともない、そしてヒジュラをめぐっては聖なる世界と俗社会における社会的役割の多義性、性別越境の仕方の多様性をともなっている。性別二元論を前提とする今日の社会で肝要なのは、性別における差異の境界線が固定されずズレを含みこむ柔軟性と、日常生活の場において差異を臨機応変に越境するその多様性が保持されることであろう。

次に、性の越境の多様性に深く結びつく問題として、ジェンダー・アイデンティティという概念について考えてみたい。日本語では「自己同一性」と訳される「アイデンティティ」という言葉はそもそも、心理学者のエリクソンによれば、自分が認識する自己と他者が捉える自己との一致（同一性）、もしくは過去の自分と現在の自分との一貫性（同一性）を前提とするものである。これは、精神医学の診断と治療のガイドラインにおける性同一性障害の定義にも見られるように、自己認識の確定性や一貫性、不変性という特性を前提とする「確実な存在としての自己認識」を指し示す言葉である。

こうした認識レベルでの人間の規定が優位にある社会では、人間を規定するもう一つの側面、行為や振る舞いのレベルを二次的な規定とし、認識レベルに行動レベルを一致させることがあたかも人間の存在要件であるかのように思わせられている。したがって、行為や振る舞いのレベルが認識レベルと一致していなければ、「あいまい」、もしくは「矛盾している」「混乱している」として否定的な評価を受ける。それだけでなく、精神医学ではそうした不一致を「障害」として診断し、治療の対象とするのである。

けれども、ヒジュラの場合、ヒンドゥー女神の帰依者であると同時に、親族間では男性役割を演じたり、地縁関係では姉妹の役割を果たしたりしている。ヒジュラの行動レベルに着目するならば、それぞれの生活のさまざまな場面、相対する人との関係に応じて振る舞い方を臨機応変に変えている。こうしたヒジュラたちの振る舞いを「矛盾している」とか「混乱している」と捉えるのは、性別二元論を前提としたまなざしに囚われているからに他ならない。したがって、ヒジュラの人たちを性同一性障害と見なすことは、その存在を歴史的、宗教的背景、日常生活から切り離して捉えることになるだけでなく、ジェンダーに関するアイデンティティの優位性、認識レベルを重視する視点を強化することになる。

むしろ、ヒジュラの存在は、日常生活の振る舞いからジェンダーのありようを見ていくことの重要性を示してくれている。認識レベルを優先させるようなガイドラインのあり方や法的根拠に依拠するだけでは、現実の生活の中で振る舞い方を臨機応変に選び取る当事者の「性の境界を生きる術《すべ》」を掬《すく》い取ることはできない。このことは、現代社会でのアイデンティティを前提とした性をめぐる思考様式そのものを再考することの重要性を示唆しているのではないだろうか。

参考文献

橋本秀雄・花立都世司・島津威雄編著　二〇〇三『性を再考する――性の多様性概論』青弓社
東優子　二〇〇七「ジェンダーの揺らぎを扱う医療――「結果の引き受け」を支援するという視点について」根村直美編著『健康とジェンダーⅣ　揺らぐ性・変わる医療――ケアとセクシュアリティを読み直す』明石書店
市野澤潤平　二〇〇九「越境としての『性転換』――『性同一性障害者』による身体変工」奥野克巳・椎野若菜・竹ノ下祐二共編『セックスの人類学』春風社
石田仁編著　二〇〇八『性同一性障害――ジェンダー・医療・特例法』御茶の水書房
國弘暁子　二〇〇九a『ヒンドゥー女神の帰依者ヒジュラ――宗教・ジェンダー境界域の人類学』風響社
　二〇〇九b「ヒジュラとセックス――去勢した者たちの情交のありかた」奥野克巳・椎野若菜・竹ノ下祐二共編『セックスの人類学』春風社
村上隆則・石田仁　二〇〇六「戦後日本の雑誌メディアにおける『男を愛する男』と『女性化した男』の表象史」矢島正見編著、『戦後日本女装・同性愛研究』中央大学出版部
ナンダ、セレナ　一九九九＝一九九〇　蔦森樹・カマル・シン訳『ヒジュラ――男でもなく女でもなく』青土社

日本精神神経学会・性同一性障害に関する特別委員会（特別委員会）
一九九七「性同一性障害に関する答申と提言」
谷口洋幸
二〇〇八「性同一性障害特例法の再評価——人権からの批判的考察」石田仁編著『性同一性障害——ジェンダー・医療・特例法』御茶の水書房

新聞記事

毎日新聞　一九九八年六月三日
朝日新聞　一九九八年九月四日
朝日新聞　一九九八年九月五日

第7章

老いることの意味

境界領域の存在であるがゆえに、祝福と呪いの力をもっているのはヒジュラだけではない。人類学の知見からすれば、老人は性差にかかわらず、死者と最も近いところにいるために、強大な力をもっていると見なされている。アーカイックな社会では、老人に対して若者が畏敬の念や敬意の態度を表するならば、人生の節目や旅立ちにおいて祝福を与えられるが、老人に対して不敬な態度をとったり社会的役割を軽んじたりするならば、呪詛《じゅそ》される。老人は若者の人生や将来の方向を決定する力をもち、たとえ肉体的に衰えていても老人としての社会的役割があり、決してひたすら保護されるべき弱い存在ではなかった。また、成人には食物禁忌が存在したり、老人が見知らぬ家で食い扶持《ぶち》を求めたら必ず与えられるなど、生産活動から退いた老人が生きていくための社会装置がさまざまな形で用意されていた。それだけ、老人の知恵と役割、力は社会の中で確固たる地位にあり、老人に対する社会の扱い方は規範として機能していたのである。

ひるがえって、現代の日本社会ではどうだろうか。年齢による階層性は弱まり、老いることの意味や価値が喪失している。老人の居場所は、病気の治療や介護の対象として扱われる認知症病棟か老人ホームに移行しているかのようである。現代社会での老人の生きにくさはいかばかりかと思う。老いをめぐる問題は、老いの様式が社会や文化によって、また個人によって差異があるものの、一部の人だけの問題ではなく、人間すべてにかかわる問題である。

ここでは、老いる aging という現象を、現代の日本社会ではどのように位置づけているのかについて、厚生（労働）白書の記述からボディ・ポリティクスの問題として検討する。次に、耄《もう》碌《ろく》と「忘れること」との関係を見ていく。そして、ある2冊の著作を通して、認知症と呼ばれる「痴呆老人」の身体的記憶、そして知恵と身体技法を検討し、老いと身体、老いの境界性、老いの価値について考えてみたい。

1 求められる「活力ある高齢者像」

厚生政策で「高齢者」が全面的にクローズアップされたのは、「新しい高齢者像を求めて――21世紀の高齢社会を迎えるにあたって」と題された2000年の厚生白書（平成12年版）であろう。巻頭に、この白書のねらいとして6項目があげられている。なかでも、ここで注目するのは、「高齢者が健康で自立して暮らせる『健康な長寿』の実現と高齢者を支える地域・社会」と、「新しい高齢者像とふさわしい社会保障システムを求めて」である。

まず、「新しい高齢者像」についてであるが、WHOが1999年に「アクティブ・エイジングを全世界で実現させよう」という活動を開始したのを受けて、旧厚生省は2000年に「活力ある高齢者像」を目指すことを掲げる。その際、高齢化や高齢者像に付与されてきたこれまでの通念を払拭するにあたって、WHOは以下の2点を強調する。1つは、「高齢者・高齢化」とは、国際間、国内間、ジェンダー間、世代間において決してひとくくりにできるものではなく、きわめて多様性をもっていること。2点目は、高齢者の多くは「老人＝弱者」というイメージではなく、元気で十分に社会的に活躍できる者であり、できるだけ多くの高齢者が健康で生きがいをもって社会参加できるように、社会全体で「活力ある高齢者像」を作っていくという点である（厚生省監修 2000: 159-160）。

高齢者の多様性を考慮するというのは、高齢者人口（65歳以上）が年々増加していくにしたがい（ちなみに2005年の高齢化率は20・2％）、高齢者層のなかにも、さまざまに異なる状況が生じているからである。同じ年齢層でも経済的な格差が生じていたり、生まれた時代や地域の背景による経験の格差、居住形態による変化、地方と都市との違いなど、複雑な様相を呈していることから、多様な高齢者像を念頭に置かないと、高齢者の現状を捉えることができないというのである。

また、元気な高齢者像というイメージは、これまでの「弱い、保護されるべき人」という老人のイメージを払拭《ふっしょく》するために掲げられたものである。日本では退職年齢がおよそ60歳であり、しかも世界一を誇る平均寿命の長さから、高齢者層を構成する人たちには体力や気力に余裕のある人たちが多い。こうした実態に相応しいものとして、これまでのイメージを打破するために「活力ある高齢者像」を掲げたのである。

ところが、すべての高齢者が元気なまま暮らしているわけではない。加齢とともに身体的な機能は衰え、さまざまな病気にかかりやすくなる。寝たきりや痴呆、虚弱となり介護や支援を必要とする高齢者は、2000年時点で約270万人と見込まれ、65歳以上の人口（約2200万人）の約13％に当たるという。年齢が高くなるにつれて、要介護率や寝たきり率が高くなっているというのが現実である（厚生省監修 2000: 60-61）。

そこで、厚生省は「日常生活に介護を必要としない、心身ともに自立した活動的な状態で生存できる期間」として「健康寿命」という考え方を提唱する。これは、第5章の2でとりあげたように、1978年から始まった第一次国民健康づくり対策から引き継がれた政策で、21世紀における国民健康づくり運動として掲げられた、以下の「健康日本21」の基本理念の中に盛り込まれた概念である。

21世紀の我が国を、健やかで心豊かに生活できる活力ある社会とするため、壮年期死亡の減少、痴呆や寝たきりにならない状態で生活できる期間（健康寿命）の延伸などを目的に、社会の様々な健康関連団体等がその機能を活かして、一人一人が自己の選択に基づき、主体的に健康実現を図れるように支援することにより、国民の健康づくりを総合的に推進する。（厚生省監修 2000: 65）

「一人一人が自己の選択に基づき、主体的に健康実現を図れるように支援する」という後半部分は、第3章で述べた「生-権力」の装置として解釈しうるセルフ・コントロールの理念と重なる文言である。さらに、「痴呆や寝たきりにならない」ことを目指す「健康寿命」という考えは、高齢者のＱＯＬ（クオリティ・オブ・ライフ）の向上や国民医療費削減の目的にかなうものの、他方で病気になったり老いたりすることを限りなく遠ざけ、死をどのように迎えるかという問いを不問に付すことになる。

２００３年になると、厚労省は２０００年の「活力ある高齢者像」の実現のための具体的な施策に取り組む。高齢者の日常生活の実態に焦点をあてて、経済状況、居住形態、ストレスや健康状態、家族関係や近所づきあいの親密度などが検討される。独居形態が増えるなか、地域における人間関係の形成の難しさが浮かびあがる。そこで、地域社会とのつながりや地域の人たちとのかかわりを増やすために、社会参加を促す言葉として「第2の現役期」を提案する（厚生労働省編 2003）。

さらに、２００５年になると、２０００年から始まった介護保険制度の実態調査による見直しへの取り組みとともに、社会参加のあり方として就業を促進する高齢者雇用対策が打ち出され、ボランティア活動を促すための方針が提言されるに至る（厚生労働省編 2005）。

地域での社会参加や高齢者就業の促進という課題は、2008年になると、「人生85年時代」を充実して過ごすために、「人生設計をデザインし直す」という意味の「リ・デザイン」構想へと引き継がれるのである（厚生労働省編 2008:135-137）。

2000年から現在に至るまで、政策の中では目指すべき高齢者像として、一貫して地域貢献活動や住民参加が期待され、就業にかかわる議論や就業環境の改善への取り組み、積極的に自己研鑽《けんさん》に励むことなどが求められている。そこでは、生産活動や社会的役割から引退した生活や、若い世代や他者に依存した生き方は歓迎されざるものとされ、自己実現から離脱し、学習意欲を喪失する高齢者たちは、叱咤《しった》激励されるか、目指すべき「活力ある高齢者像」からはずれていくことになる。

厚生行政の中で描かれる「活力ある高齢者像」という提言は、第3章で述べた「生きさせるか死の中に廃棄する権力」というフーコーのいわゆる近代特有の生－権力をさらに進めたものであり、高齢者の身体に働く「元気なまま社会に貢献する高齢者を産出する権力」のあり方として読み替えることができるのではないだろうか。

では、「活力ある高齢者像」を産出するための生－権力の中で、寝たきりや痴呆になった高齢者は、いったいどのような存在意義をもちえるのだろうか。また「新たな高齢者像」からはずれていく高齢者の生の存在様式から、私たちは何を読みとることができるのだろうか。

2 耄碌と忘れること

近年、高齢化社会という言葉と同様、「認知症」という医学用語が一般の人たちの間に流布《るふ》している。それに代わって、「老衰」や「耄碌《もうろく》」という言葉は日常生活でもメディア上でも姿を見せなくなっている。「老衰」とは「老いて心身の衰えること」（広辞苑）という意味で、「耄碌」の意味「年老いて心身が衰える。また、その人」（新漢語林）とほぼ同じである。「耄碌」の「耄」とは、「①としより、九十歳の称。また、八十歳、または七十歳ともいう。②老いる。年老いて心身が衰える。③ほうける（ほうく）。ぼける。④みだれる。心や目がくらむ」（新漢語林）の意味。「碌」について、「碌々は、（ア）平凡なさま。役に立たぬさま。また、人の後につき従うさま。（イ）車輪の音の形容。轆轆（ロクロク）」（新漢語林）の意味がある。

これらを総じて、「耄碌」とは肉体的、知的な衰えを意味し、生産活動から離脱し、社会的役割から退《しりぞ》く状態を意味している。そもそもそれは正でも負でもなく、社会の中での老いのプロセスを示しているに過ぎない。けれども、生産性や効率性に価値を置く産業社会において、「活力ある高齢者像」が目指されるとすれば、これらの言葉はほとんどマイナスのイメージしかもちえない。この先、一番人口の多い世代である団塊世代（1947年生～1949年生）が介護の対象となることを想定すれば、私たちの社会で老いることに明るい未来があるとは言い難い。

老いることに結びつく言葉に「忘れる」という言葉がある。それが昂《こう》じたものが精神医学では「認知症dementia」と呼ばれる病気である。精神医学の診断基準の一つであるＤＳＭ-Ⅳ-ＴＲでは、「認知症」

の項目に①記憶障害（新しい情報を学習したり、以前に学習した情報を想起する能力の障害）、②失語（言語の障害）、失行（動作の遂行能力の障害）、失認（対象の認識、同定ができないこと）、実行機能の障害（計画、組織化、順序だてる、抽象化することの障害）という多彩な認知欠損の基準を規定している（APA 2002=2000）。こうした精神医学の定義が流布されると、「認知症」とは「多彩な認知欠損の規準を満たした状態」であるという認識が社会に広まっていく。老いの特性である「忘れること」は、病的な状態を意味し、改善されるべき治療の対象となっていく。

また、名称変更によっても新たな状況がもたらされる。「認知症」はかつて「痴呆症」と呼ばれていたが、２００４年に厚生労働省の変更を受けて、関連医学会が病名を変更した。「認知症」という用語が市民権を得て、社会に定着していくにしたがい、先の「耄碌」や「老衰」という正でも負でもない老いのプロセスを指す民俗用語と同様、「呆け老人」、「痴呆老人」といった民俗用語が居場所を失い、代わりに治療対象となる「認知症」という医学用語が席を占めるようになる。

老いと宗教との関係を読み解いた民俗学者の鈴木岩弓は、老人の特質として、負の評価「無知・弱化・老化・衰退・醜悪・汚穢《おわい》」と、正の評価「英知・老成・円熟・枯淡・無垢・聖」という両義性について指摘している（鈴木 2004: 248）。けれども、「認知症」という医学用語の社会的な広まりによって、「老い」と「認知症」がセットになり、「年を取りたくない」「呆けたくない」という老いに対する恐怖心や嫌悪感が醸成されると、「老い」がもつ両義性のうちマイナスのイメージだけが強化されていく。「醜い」「汚い」「老いぼれ」「時代遅れ」などのイメージの流布によって、アンチエージング（抗加齢）医療の発想とも結びついていくのである。

ところで、文化人類学者の阿部年晴は、「老いの価値」という論文で興味深いことを述べている。つまり、私たちは耄碌すること、忘れるという人間の根源的な存在様式について考えるための新たな方法を必要としていると。老人たちは豊富な経験をもちながらも社会的役割や責任から自由であり、ゆえに周縁的な存在だからこそ得られる洞察力をもっていることや、老人の社会への依存性や心身の衰弱という特徴までもが、実は人間生活に有用な精神的能力であると指摘する（阿部 1987: 245）。

なかでも、耄碌の一つのあらわれである「忘れる」ということについて、戸井田道三の『忘れの構造』を引き合いに出し、人間や文化にとっての忘れることの積極的な意義を見出している。忘れることは「生のオートマチックな自己防衛」であり、忘れたほうがいいものは、忘れられたことによって今の生に積極的に貢献しているという（阿部 1987: 246）。私たちは不運なことや不幸なことが起きると、「そんなことはさっさと忘れて新しい生活を送りなさい」と言ったり、言われたりする。実際、「都合の悪いことは忘れた」「嫌なことは忘れた」という言葉も口にする。それはそれで、特定のできごとを「忘れる」能力が人間に備わっていることは、人がこの世でしたたかに生きていくためには必要なことである。

けれども、阿部が指摘するのは、不都合な記憶を消し去るという意味での「忘れる」ことだけではない。むしろ、意識として記憶されていたものを無意識や身体に移すことであり、忘れることによって記憶する、あるいは記憶するために忘れるという点である。自転車に乗った経験のある人は、たとえ30年間乗らなくても何度か試みれば乗れるようになる。自転車に乗る、泳ぐ、歩く、楽器を弾く、ボールを投げる等の身体技法は、意識レベルで手順を一つ一つ確認しながら動作するのではなく、意識しないでも身体が動くことを目指すものである。「体で憶える」「身につく」といった身体技法が伝承される伝統行事や伝統芸能の世界ではそれが集団レベルで起こる。そうした慣習を含めて、民俗的な技法に習熟しているのが老人なのである（阿部 1987: 246-247）。

「耄碌」の節の最後で、阿部は老いと宗教的なものとの関連について述べている。死の世界に最も近い位置にある老いの時期は、病いや受苦の経験だけでなく、自分の身体が意のままにならなくなり、意識的な自己の統合性が衰えることによる他者性をも露呈する時期である。このことは、老いと老いの時期にいる人の存在が、宗教的なものとしての慣行や慣習と深いかかわりをもっていることを示している（阿部 1987: 249）。生と死の境界に位置する老いというものが、コントロール不全という身体性や自己の中に潜む他者性を顕《あらわ》にすることで、精神と身体、自己と他者との間にある境界性という重要な課題を私たちに提示するのである。

忘れることで身体化されるという身体技法は、私たちが日常生活を送るためには不可欠の要素であり、社会生活を送るための基盤ともなっている。にもかかわらず、先の認知症の診断基準にある、②の実行機能の障害（計画、組織化、順序だてる、抽象化することの障害）という意識上の認知規準を優先する医学の枠組みでは、それが見落とされている。実際、老いの時期における無意識化された身体技法は個人レベルでも起きていて、それが夫婦関係や社会関係における別のコミュニケーションを生み出している。次に紹介しよう。

3 「そうかもしれない」の身体記憶

「痴呆老人」の身体技法の講義をしようとするとき、二つの本が頭に浮かぶ。一つは小説家、耕治人の3つの短編が収められている『そうかもしれない』という小説と、もう一つは精神看護の研究者である阿保順子の『痴呆老人が創造する世界』である。

この節では、『そうかもしれない』についてとりあげる（写真9）。私がこの小説を知ったのは、精神科医、浜田晋の『老いを生きる意味』を読んでいたときである。「老いと性愛」という節の中で、老夫婦の別れのあり方の例として一場面が引用されている。その場面の概要は以下のようである。

写真9：耕治人『そうかもしれない』

口底部のがんで耳鼻咽喉科に入院している老いた作家のもとに、呆けたために老人ホームに預けられている妻が面会に来る。死が近い作家に別れをするために、すでに何もわからなくなっている妻が、ボランティアに連れられてやってくる。作家は、妻の手を握りながら、50年にわたる夫婦生活を振り返り、夫らしいことを何一つしてこなかったことに想いをめぐらし、涙を流す。作家が鼻をすすりながらテーブルの上のティッシュペーパーを取ろうとするがうまく取れない。すると、とっさに妻が懐に手を入れ、紙を探している。ボランティアの女性がそれに気がつき、妻の袂から鼻紙を取り出す。その間、ボランティアの女性は、妻に「この人はだれですか」「この方がご主人ですよ」と何度か声をかけるが、妻は返事をしない。何度目かに「ご主人ですよ」といわれたとき、「そうかもしれない」とつぶやく。この言葉に打たれた作家は、その後、妻のことに思いをめぐらせる。妻が夫の鼻水を拭くためにとっさに鼻紙を探した行動をみて、妻が自分のことをわからないはずはないと思い、「呆けた家内が、私を救ったのだ」とつぶやき、自然と妻のいる老人ホームに向いて正座した（耕 1988: 46-51）。

浜田は、夫婦の別れのあり方の例としてこの場面を引用し、この書が地域ケアシステムの未熟さや公的な介護者の非情さ、そしてボランティアの対応の仕方など、してはいけない例として参考になると評している。

しかし、妻がとっさに懐に手を入れ、夫のために鼻紙を探したという動作は、阿部が指摘した「生のオートマチックな自己防衛」というフレーズを思い起こさせる。夫の顔を忘れても、長年連れ添った妻が夫に相対するときの自然な振る舞いとして身体が覚えていた。50年間、「あうん」の呼吸のようなやりとりが二人の間でなされていたのだろう。「そうかもしれない」という言葉は、意識とは別のところから湧き出た身体の動きが、意識との間でなんとか整合性を確かめようとする言葉だったのではないだろうか、と思われてくる。

もう一人、『そうかもしれない』を引用した小澤勲という精神科医がいる。小澤によれば、一般的な痴呆の程度とプロセスは、医学的な症状に沿って、痴呆初期（記憶障害が中心となる健忘期）、痴呆中期（見当識障害が明白な混乱期）、痴呆末期（歩行障害、失禁、嚥下障害などの寝たきり期）の3期にわけられるという（小澤 2003: 19-23)。これら3期に対応した小説として、耕治人の晩年の3部作を紹介している。妻をめぐる小さなトラブルが痴呆を予期させる『天井から降る悲しい音』（初出1986年）、ついに自分の行動や振る舞いがわからなくなった妻が老人ホームに入所する様子を描いた『どんなご縁で』（初出1987年）、そして『そうかもしれない』（初出1988年）である。

小澤は、3部作を通して、痴呆を生きることの、そして痴呆老人とともに生きる人たちの普遍的な意味への問いを見出す。日常生活における些細《ささい》なエピソードの描写を引用し、妻の身に起きている状態、痴呆症状がもたらすさまざまなできごとを客観的過ぎず主観的過ぎず、臨床でかかわってきた経験を重ねながら、丁寧に読み解いている。徐々に痴呆が深まっていくプロセスでは、通常の老人であればもともと身体化されているはずの日常生活の些細な行動が失われ、痴呆を発症したがゆえに買い物、料理、洗濯、入浴、トイレなどの生活習慣が奪われていく様が分析される。

これらの場面に対して、忘れることが「生のオートマチックな自己防衛」であるという言葉は、一見不適切のようにも見える。しかし、痴呆末期の描写としてとりあげられた最後の小説『そうかもしれない』に、夫の鼻水を拭くための鼻紙をとっさに探すという妻の身体技法の場面が描かれるのである。

『どんなご縁で』というタイトルは、夜中失禁した妻の身体を拭いていたとき、「どんなご縁で、あなたにこんなことを」と妻が発した言葉に由来する。続いて、夫婦の馴《な》れ初《そ》めが簡単に書き記される。出版社の同僚だった作家は妻にプロポーズするが、会社をやめて自分の勉強をしたい、自分は誰とも結婚する気はない、と妻は断る。それを何とか説得して結婚する。その後、妻は生活のために働き、濡れ衣を着せられ投獄されたり、精神を病んで精神病院に入院したり、死に場所を求めてうろついたりする作家を淡々と支え続ける。見返りを求めることもなく、妻としての役割を全うしようとしているとき、「あたしなにも出来ないのよ」(『天井から降る悲しい音』)「やりたいと思うことはなにも実行出来ないのよ」(同)「あたしもう洗濯ができないわ」(『どんなご縁で』)という言葉を発する姿が描かれる。結婚前に描いていた人生設計と現実生活のズレに帳尻を合わせるかのように、妻は役割から降りざるをえないこと、役割遂行の破綻を告げるのである。

小澤は、妻のやせ衰えた身体が「この世ならぬ美しいもの」、失禁した妻の小水が「清い小川」として見えてくるという作家の描写に、生活習慣の崩壊という痴呆の負の側面だけでなく、むしろそれを日常の規範や役割からの自由の獲得として解釈できることを示す。痴呆に生きる人たちの行き着く先にある、人間の身体性からの超越、日常の規範や常識、役割を超えた「聖なるもの」の意味を指摘する。ここで、私たちは阿部が指摘した老いと宗教的なものとの深い結びつきに立ち戻り、老いと身体性、老いと聖なるものとの関係性という問いに再び向き合うことになる。

4 「痴呆老人」の身体技法

先に述べたように、DSM-IV-TRには「認知症」の診断のガイドラインとして、記憶障害、失語、

写真10：『痴呆老人が創造する世界』

失行、失認、実行機能の障害という認知欠損の基準があげられている。これが「老いること」そして「忘れること」の実態だとすれば、痴呆老人とは、何も言わない、何もできない、何もわからない、言っても意味不明、やっても意味不明というコミュニケーション不全の状態で生きる人となる。はたして、そうなのだろうか。ここでは阿保順子の『痴呆老人が創造する世界』から、痴呆老人の身体技法について検討してみたい（写真10）。

この本は、阿保が精神病院の痴呆専門病棟で暮らす痴呆老人たち（平均年齢およそ79歳）の生活実態調査をもとにまとめたものである。ここでは、阿保の分析を参考に、私なりの観点から3点に絞って検討する。1点目は、身体が配置される空間について、2点目は、身体とモノ、他者、自己との境界性について、3点目は「モノ」の交換という身体化された慣習についてである。

（1）空間をマッピングする老人たち

興味深いことに、この本に登場する痴呆老人と呼ばれる人たちは、限られた病棟空間の中で自分なりに生きていくために、第1章で述べたようなマッピングをする。例えば、南川さん（女性、82歳）にとって、デイルームの置き畳のところは近所の人が集まる「公民館」であり、廊下に張られたリノリウムの色が変わる箇所は「川」である。廊下とデイルームとの境にある消火栓の光るランプは「駅前」、日中鍵のかかった病室の扉は「家の玄関ドア」である。さらに、重要なのはモノの配置だけでなく、ある男性をかつての夫として空間配置することである。

失認識や失行動として読まれる行動様式の裏には、長年慣れ親しんできた近隣の道や建物の配置、そして暮らしてきた家の入り口や出口、間取り、さらには人をも配置するという、全く馴染みのない空間をマッピングする知恵が隠されている。自分の生きてきた居住地域の区割りを病棟にもち込み、自分のテリトリーの枠組みで解釈する。老人たちは〈いまここ〉を生きるために、病棟空間を生活空間に変容させ、地域社会の縮図を構成する力をもっている。

もちろん、他方で、近所に買い物に出たものの帰り道がわからない、自分の家のトイレがわからないなど、馴染んでいたはずの空間の中で自分の位置がわからないという人もいる。すべての痴呆老人に空間変容の力があると言うつもりはない。けれども、阿保が「こういった暮らしへの向き合い方は、老練な大人の分別あるいは生き延びる知恵ともとれる」（阿保 2004: 29）と述べているように、老人たちの行動を通して現実と非現実の世界を行き来しながら生きる人間の根源的な姿が見えてくる。

ホタテ養殖が盛んな漁村で暮らしていた吉野さん（85歳）にとって、生活の中心は、家、家系、まき（地域に長年住む一族郎党）、村であり、デイルームの空間とそこを居場所とする人たちを、自分を取り囲む「世間」として配置する。藤田さん（78歳）は、テーブル側（自分の会社側）とあっち側（ゴザや置き畳側）とを分けて、そこに座る人たちを会社の「ウチ」と「ソト」との関係という社会空間として読み込む。

病棟空間という狭い空間で展開される日常から、老人たちのかつての「世間」や仲間関係の様子をおぼろげながら読みとることができるが、ここで顕在化した人間関係は、決して痴呆ゆえの関係として私たちの経験と切り離せるものではなく、馴染みのある生活感覚から生まれる社会関係の縮図として見えてくる。

私にも似たような経験がある。浦河赤十字病院（浦河日赤）の7病棟（精神科病棟）を調査したとき、まだ病棟に馴染めない私に一人の女性患者が近づいてきて、「あんたは私の姉さんに似ている。そっくりだわ」と声をかけてくれた。顔の形、目の形、鼻すじ、口元など、顔のパーツ一つ一つをとりあげながら、自分とお姉さんとの関係のエピソードを語り、あたかも私を身内のように扱ってくれた。これまで、彼女の振る舞いは心細そうにしていた私を気遣ったものだと解釈していた。実際、精神を病む患者には心優しい人が多い。けれども、空間配置の技法という観点から見ると、むしろ彼女は面会に来てほしい姉の姿を私の中に見出し、7病棟という空間にかつての姉と自分との関係をもち込みたかったのかもしれない。

仮想的現実を生きるということは、現実と全くかけ離れた世界を生きるわけではなく、現実のアナロジーの世界を生きることであり、それまでの生活史が色濃く反映された世界を生きることである。「夢か現《うつつ》か幻か」という言葉にあるように、人間には虚構である現実生活を壊さないまま生きることの知恵がそなわっているのであり、それは真実かどうかを問わずに生きる知恵、言いかえれば、戸惑いながらも仮想現実を作り上げ、そこでの生活を生き抜く知恵なのではないだろうか。

（2）未分化の世界に生きる

ここでは言葉が意味をなさない不自由さの代わりに現れる、行動の万華鏡ともいえるような痴呆老人たちの多彩な世界をとりあげる。痴呆老人には、失認、失行による「奇行」として読まれる行動があるが、そうした行動を通して、身体とモノ、他者、自己との境界について考えてみたい。次に紹介するのは、「さわる」対象について、それが他者、モノ、自分のどれなのかを識別できないように見える老人たちの行動である。

いつも困惑した表情の長崎さんは、困りごとを言葉に言い表すことができない人だが、モノや他者によくさわる人である。車椅子の松田さんと出会うと、「困った、困った」とつぶやきながら車輪にさわる。車椅子のホイールからタイヤの表面、手もたれ、そして松田さんの手に行き着く。すると松田さんの手の指を一本一本動かし、手の甲をもち上げ、手のひらを覗き込む。さらに、松田さんの腕、顔、耳や鼻や唇にまでさわる手が動いていく。対象がモノから人の身体に移行しても、一連の動作には変化がない。まるでモノと人との区別がないかのように思える行動である。

また、自分の身体と他人の身体の区別がない例として、身体を空間に配置する例で紹介した南川さんがいる。デイルームのベンチに3人で座り、一番端に座った南川さんは自分の右足の靴下が気になるのか、直し始める。次に直し始めたのが、自分の左足の靴下ではなく、右隣の人の左足であった。そして、その左足の靴下をさわりながら、まるで自分の靴下がフィットしていないかのように「どうしてうまくいかないのかしら」とつぶやき、隣の人の足をまさぐる。長崎さんも南川さんも、通常の痛みや寒さはキャッチできることから、身体感覚は正常である。

さらに、小中さんは他者とコンタクトをとろうとする際に自己接触行動をとる。他者との接触をとりたいが、言葉が不自由であるため、相手にそれが伝わらない。すると、小中さんは、衣類を含めて自分の身体のあちこちを頻繁にさわる。上着の端をのばす、一番上のボタンを確認する、ひざの上のごみをとる、自分の手をいじる、目や頬をこする、他人の顔を覗き込むといった具合である。一見、単なる癖のようでもあるが、自分をさわる行為はパターン化され、最後に「他人の顔を覗き込む」ことで、ついに他人とのかかわりを成功させる。言いかえれば、他者との境界領域としての自分の身体の表面をさわるという行為でもって、他者とつながる可能性を確認しているかのようである。

阿保は、赤ん坊が周囲の世界をさわることで、自己と、自己とは異なるものとを分節化していくプロセスを引き合いに出し、3人の行為はこの逆のプロセスとして見えてくると述べる。確かに、第4章で引用したリーチの言葉、「僕の便、僕の尿、僕の精液、僕の汗、それは僕の一部だろうか、一部でないのだろうか」のように、子どもは身体の分泌物や排泄物を通して、自分と外的世界との境界を少しずつ認識していく。

ところが、阿保は、痴呆老人は決して子どもと同じではない、一度分節化され、認識されていた世界の一部が、未分化な状態に置かれるために混乱しているように見えるだけだと述べている。私はここで、「未分化な状態に置かれる」ことの意味に注目したい。「分節される以前の状態」とは、科学史家の村上陽一郎によれば、キリストの言葉や禅などに繰り返し現れる「小児の如くなる」という言い方にも重なっている（村上 1979: 69–70）。見方をかえれば、社会生活における役割期待の中で、自己と他者を区別し、社会的役割と自分なるものとを切り離しながら生きざるをえない私たちにとって、「未分化な状態に置かれる」ことは求めても届かない聖なる境地に入ることだといえるかもしれない。

「未分化状態」を体現する痴呆老人たちの振る舞いを、記憶障害、失語、失行、失認、実行機能の障害という認知欠損の基準として捉えるまなざしでは、人間の原初的な世界を垣間見ることはできない。痴呆老人たちは「さわる」という行為を通して、身体とモノとの境界、自己と他者との境界、自己と身体との境界を現前させている。痴呆老人たちの多彩な振る舞いから、彼（女）たちの行動はすでに分節された世界に生きている私たちに、分節される以前の状態としての人間と人間とのかかわりや世界との〈つながり〉を見せてくれている、と読みとるのはうがちすぎだろうか。

（3）「モノ（身体、空っぽ）」の交換

ここでは、自己と他者との間に「モノ」が介在してつくられる関係について検討してみたい。阿保は、デイルームの一角にあるござの上で繰り広げられる二人の女性の間に生じる瞬間的な関係をコマ送りの写真のように描き出している。

私物のもち込みが禁止されている病棟では、各人に与えられたスリッパが人によっては大切なモノとなる。ござの上で隣同士正座しているのは、ある程度の会話が成立する木元さん（90歳）と奇声を発するだけの高木さん（78歳）である。二人の共通点は、農家の主婦で腰が曲がっていること、正座が好きなこと、あるモノを大事にしていることである。木元さんにとって大事なモノはスリッパであり、正座中は膝の下に保管している。高木さんにとって、肌身離さずもち歩く手提げ袋は、身体の一部となっている。

あるとき、木元さんがトイレに立つや否や、自分のスリッパを高木さんに渡し、高木さんはすばやくそのスリッパを膝の下に入れた。その動作は、まるで餅つきのつき方と合いの手の関係のように見える。今

度は高木さんがトイレに立つと、手提げ袋が木元さんに渡される。高木さんがもどると、手提げ袋はいつもどおり高木さんの身体の一部として納まっている。二人の関係を、阿保は、言語を介さないコミュニケーション、「共にいる・共にある」ことの意味を教えてくれる人間の信頼関係のあり方であると述べている。あるいはこれを、言語以前のコミュニケーションということもできるかもしれない。

ここで着目したいのは、むしろ言語の代わりに二人の間で交わされたのは、スリッパと手提げ袋というモノであるという点である。しかも、その二つは「肌身離さず」として言い表される一心同体、身体の一部となっているものである。ということは、第4章の移植臓器の節でも述べたように、身体の一部という代替不可能なものを交換することを意味する。それは、阿保も指摘しているように、信頼を基盤に据えた「かけがえのないもの」の交換であり、二人のやりとりは「人間の生きることとの根源的な喜び」となる贈与交換として解釈できる行為である。二人は、人間が生きていくうえで不可欠の営みとしての贈与のかたちをみごとに示してくれたのではないだろうか。

また、阿保は、痴呆老人たちのゴミを拾う行動に注目する。常時、車椅子に乗って独語する奥田さん(95歳)が、あるとき腕をすっと伸ばし、虫か何かをつかむかのように空《くう》をつかむ素振《そぶ》りをした。次に、右手で捕まえた「何か」を左手に載せ、それを丸める仕草をする。そのとき、トイレの床こすり名人の堀田さんが隣に立ち、奥田さんの素振りをじっと見ている。奥田さんが堀田さんを見上げると、堀田さんが右手を奥田さんの前に差し出す。奥田さんは両手で丸めた「何か」を堀田さんに渡したのである。そして、堀田さんは渡された「何か」を丸める仕草をした。堀田さんの手のひらを開いたところ、そこには何もない。他にも床に落ちている空っぽのごみを手渡す人たちがいる。そして、それを丸めたり、大事に手のひらに載せたまま、他の人たちに渡すのである。渡された人は、空っぽのごみを大事な贈物のように受け取り、同じように懐にしまい込む。

こうした行為は、先の木元さんと高木さんの身体の一部となっている「モノ」の交換のように、「共にいる・共にある」人間の関係を生み出す行為とも重なる。空っぽだけれど大事な「何か」である「モノ」をバトンのように次から次へと受け渡す行為を、阿保は、あらゆる社会に共通する人間の根源的な営みである贈与という慣習の名残りとして読み解く。

慣習とは、日常生活上のスキルを含めて、ある集団の間で共有され、意識しなくても体が自然と動くまでに身体化された文化のかたちとなっているものである。慣習としての「贈る」「贈られる」という行為は、社会生活を営む人間の基本的な振る舞い方の一つであり、きわめて重要な人と人との関係をかたち作る。この意味において、未分化状態の子どもと同一視してはならないという阿保の指摘は、真っ当である。ここで、阿部が指摘した、老人の「忘れること」と慣習や民俗的な知との深い結びつきについて考察する意義に再び立ち戻る。

さらに阿保は、交換の一つとしての「会話」にも注目する。言葉の意味が残っているとしても、どこかおかしい、だから辻褄合わせをしようとする。けれども、話しても、話しても不全感が漂うような疲れる会話、「エンドレスストーリー」のことである。また、意味不明の言葉や声、振る舞いのやりとりの例をとりあげながら、言葉の意味や言葉それ自体にこだわるのではないかかわりのあり方として提示する。そうした痴呆老人たちの「会話」に、「かかわりのかたち」という構造を見る。意味が共有されているのではなく、かかわること、それ自体に意味がある。かかわること自体のためにかかわること、かかわるというかたちが大切にされている「会話」のあり方である。阿保が描き出した「かかわりのかたち」を顕《あらわ》にする「会話」は、「何を」語るかはほとんど重要ではない。むしろ、語らなくてもいい、そこに人がいるだけでいいという「〈いまここ〉をともにする」こと自体に意味があるコミュニケーションのあり方である。

「〈いまここ〉をともにする」という「かかわりのかたち」で思い出す人がいる。浦河日赤精神科の往診活動で出会ったKさんという86歳の男性である。もともと職人として仕事一筋で生きてきた人である。妻が数年前に脳梗塞で倒れ、以後入退院を繰り返し、現在Kさんの世話のもと、自宅で闘病している。妻の看病の中心はKさんであり、週1回の入浴サービスと月2回の精神科往診、月1回の内科往診以外は、一人で妻の世話をしている。妻はその後言葉が出にくくなり、何かを伝えようと口を動かすが、耳の遠くなったKさんには2年前からほとんど聞き取れないままである。Kさん自身も、数回にわたるがんの手術の経験と1年前には心筋梗塞で1ヵ月の入院経験がある。

Kさんの1日は、妻の3回の流動食と服薬の世話、夜中を含めて8回のオムツ交換、それ以外に掃除、洗濯、買い物、料理などで忙しい。Kさんの様子を見て、介護センターの職員は妻を老人ホームに預けたほうがいいと助言する。それに対して、Kさんは「自分ができるうちはできるだけのことをしてやりたい。何十年も一緒に連れ添ってきたのだから。後悔したくない」と、現在の生活を変える気はない。たとえ言葉を交わすことがかなわなくとも、たとえ自身が病いを抱え高齢にあるとしても、妻の世話が日々きちんとできること、これまで妻と一緒に培ってきた「共にいる・共にある」暮らしが、生きる糧となっている。

以上のように、身体の一部と化したスリッパや手提げ袋の交換、空《くう》をつかむごみの手渡しのような交換、意味を構成しない言葉や声や身振りの交換という痴呆老人たちの行動、そしてKさんのように妻と言葉を交わさずとも身体的世話をすることで生きる糧を得るなど、いずれも人間の根源的な存在様式としての「贈与交換」として解釈できる「かかわりのかたち」である。それは、言語化された合理的な世界に生きている私たちには、なかなか気づくことのできない深遠な世界なのではないだろうか。

「痴呆」という状態を医学的な定義としてのみ解釈するならば、あるいは「痴呆老人」を否定的に捉え「活力ある高齢者像」のみ求め続けるならば、老いることの真の意味を見出すことはできない。言語化され、他者や世界から分節されることで自己を確定する私たちにとって、言語以前の世界である未分化状態になることとは、「自分が自分でなくなる」という自己の不確かさの世界に引き込まれることである。それゆえに、痴呆老人の姿に「あのようにはなりたくない」「あれでは人間ではない」といった不安や恐怖を表す言葉が出てくるのだろう。こうした言葉に現代社会の老いに対する思考様式の貧困さや想像力の欠如が反映されているのかもしれない。

ここでは、高齢者家族による介護の問題をとりあげてはいない。けれども、Kさんの生きる姿勢は、老老介護に対する先入観を改めるべきことを教えてくれる。確かに、今日の高齢化社会では老老介護での高齢者の負担が大きいことは事実である。かといって、Kさんを、「優しさ」「思いやり」のまなざしのもとに、施設や専門家が介入し、保護すべき高齢者であると解釈することは、「後悔したくない」人生を選択するKさんから生きる価値を奪うことになる。かといってKさんの生き方を、自立した主体的な高齢者、もしくは自己研鑽《けんさん》を求める「活力ある高齢者像」として捉えてしまえば、それもまた、Kさんと妻とのかかかわりの歴史やKさんたちの「共にいる・共にある」暮らしを生きる姿からかけ離れることになる。

では、高齢者が「後悔したくない」人生を送るために、専門家や周囲の者は何ができるのだろうか。介護する、されるという関係が軸となる老いというステージで、私たちは悔いのない人生をどのように迎えればよいのだろうか。改めて、老いることの意味について人間の生の根源的な様式という観点から考えていく必要があるだろう。

参考文献

阿部年晴　一九八七「老いの価値」多田富雄・今村仁司編『老いの様式：その現代的省察』誠信書房

阿保順子　二〇〇四『痴呆老人が創造する世界』岩波書店

ＡＰＡ（アメリカ精神医学会）　二〇〇二＝二〇〇〇　高橋三郎・大野裕・染矢俊幸訳『ＤＳＭ－Ⅳ－ＴＲ精神疾患の分類と診断の手引き』医学書院

浜田晋　二〇〇一（＝一九九〇）『老いを生きる意味：精神科の診療室から』岩波書店（岩波現代文庫）

耕治人　一九八八『そうかもしれない』講談社

厚生省監修　二〇〇〇『平成12年版　厚生白書：新しい高齢者像を求めて――21世紀の高齢社会を迎えるにあたって』ぎょうせい

厚生労働省編　二〇〇三『平成15年版　厚生労働白書：活力ある高齢者像と世代間の新たな関係の維持』ぎょうせい

二〇〇八『平成20年版　厚生労働白書：生涯を通じた自立と支えあい――暮らしの基盤と社会保障を考える』ぎょうせい

村上陽一郎　一九七九『科学と日常性の文脈』海鳴社

小澤勲　二〇〇三『痴呆を生きるということ』岩波新書

鈴木岩弓　二〇〇四「老いと宗教」池上良正・小田淑子・島薗進・末木文美士・関一敏・鶴岡賀雄編『岩波講座宗教7　生命：生老病死の宇宙』岩波書店

戸井田道三　一九八四『忘れの構造』筑摩書房

第 8 章

顕在化する死

本章は、身体の境界性に関する最後の章である。ここでは、人生の最後のステージとしての「死」を取り上げるが、なかでも境界領域としての身体を、生者の世界と死者の世界との境界に位置する遺体として、言いかえれば完全なモノではないけれどもすでに人でもなく、限りなくモノに近い存在としての遺体として捉え、現代社会における死と遺体をめぐる境界性とその文化的介入の装置について考えてみたい。

死を迎える場所が自宅から病院へと移行している現代社会で、看護の領域で新たに始まっている「死化粧（エンゼルメイク)」という取り組みをとりあげる。また、葬送儀礼（葬式）を専門家に委託する動きの中で、葬儀会社のオプションとして提示される「エンバーミング」という遺体処置のあり方をとりあげる。死化粧やエンバーミングは、近代社会において「隠蔽された死」を顕在化させる新たな装置として捉えることもできる。他方で、科学技術の導入や価値観の変化をともなう新たな装置が、死をめぐる別の側面を隠蔽してしまう可能性について考えてみたい。

1 隠蔽される死の向こう側

（1）「死」の何が隠蔽されているか？

「死」という現象は、生命を有する存在には必ず訪れるものという意味では、生物的存在としての人類に共通する根源的な現象である。と同時に、政治、経済、社会、科学、倫理、宗教と深くかかわり、世界各地の文化に深く埋め込まれた多種多様な観念と実践をともなうものでもある。

1980年代以降、死を迎える空間が自宅から病院へと移行し、今日病院死が80％以上となっている日本では、日常生活の領域で死を目にする機会が激減している。こうした状況から見ると、歴史家のフィリップ・アリエスが指摘したように、19世紀以降、「死はタブー視されている」「死は隠蔽されている」という言説が、まさに現代の日本社会を覆っているかのようである。

そこで、ここでは、一般的に流布している「死について語ることはタブー視されている」という言説に対して、死は本当にタブー視されているのか、だれが、どのように、なんのためにそのように語るのかと問いつつ、「死の何が隠蔽されているのか」について探ってみたい。

アリエスによれば、近代以前には、死がもたらす苦しみや醜さに直面した近親者が、混乱や耐え難い動揺、恐怖心や嫌悪感などの感情をそのまま表出するという死生観があったという。けれども、そうした生《ナマ》の感情を表出することは、幸福な生や、死に逝《ゆ》く者への配慮に価値を置く近代の死生観とは相容れなくなったのだと。また、近代以前、死に逝く本人は死期を感知することができ、それを周囲の者に語っていた。ところが、近代以降は死者への配慮と同様、死に逝く者は「もう自分はだめだ。先は長くない」という思いを抱きながらも、死を口にすれば家族は悲しむだろうという生者への配慮により、自分の死や死期について語ることを控えてきた。このように近代以降の人たちにとって死に対する生《ナマ》の感情を隠蔽することが求められ、「死は恥ずべきもの」という観念が広がっていったというのである。アリエスはこうしたプロセスを社会学者ゴラーの言葉を引いて、「死のポルノグラフィー化」と表現している（アリエス1983＝1975）。

現在、自殺率の高さは年々上昇し、経済不況による失業者の増大にともない、従来一番多いとされていた若者ではなく、中高年層の高さがひときわ目立っている。さらには、「凶悪な犯罪」という報道のもと、親密度の低い不特定多数を対象にした「通り魔殺人」、逆に親密度が高いとされる「ストーカー殺人」が、メディアの遡上にのぼることが多くなった。こうした現状を受けて、学校では死の意味を考えさせる前に、死を否定的に捉えて「いのちの教育」が強調されるようになった。

他方で、死を迎える場が、私的な場としての家庭から公的な場としての病院へと移行したことから、医学の知識や技術力によって、望めば生の限りない引き伸ばしが可能となっている現実がある。終末期医療の現場では、人為的な生の引き伸ばしに、どこで終止符を打つかが倫理的な問題となっているのである。

これらの現実を踏まえて、私なりに読み解けば、現代社会では、客観的な死についての情報は隠蔽されるどころか、メディアに過剰に溢れている。他方で、死を迎える場所が家庭ではなく、病院や高齢者ホームに移ったため、家族にとって死をめぐる生《ナマ》の体験は回避され、技術的な治療を優先する病院内では死の到来は限りなく遠ざけられる。その結果、家庭にも病院にも死を語る場所はどこにもなく、日常的に死という現象はないものとされているかのように見える。生々しい死をめぐる体験は、公的な場（病院や高齢者ホームなど）でも私的な場（家庭）でも姿を消している。目の前で死に逝く人の世話をしながら看取るという生《ナマ》の体験の欠如が、現代の「隠蔽される死」という現象をもたらしているといえるだろう。

それに対して、先に述べたように、生《ナマ》の体験をともなわない死のイメージだけがメディアによって作られ、かつ情報として与えられ、際限なく増殖しているのが今日の状況である。このことから、死者の世界が日常から排除され、生者と死者とが相互交流する境界領域もまた、ほとんど存在しないかのようである。

ところが、近年、日本では伝統的な葬送儀礼（葬式）が多様な変化を遂げているなか、死後の遺体処置の問題が科学技術の発達とともにクローズアップされている。一時的な処置としての死化粧や半永久的な処置としてのエンバーミングという遺体に対する処置の方法である（後述する）。なかでも、エンバーミングは、テクノロジーを駆使することによって、本来、遺体が死後経過していくはずの「腐敗」「変質」「消滅」という自然のプロセスを半永久的に回避することを可能にする処置なのである。

このような科学テクノロジーによる遺体処置への人為的な介入によって、隠蔽された死はどのように姿を顕《あらわ》してくるのだろうか。また、断絶した生者の世界と死者の世界との境界は、どのような形で顕在化してくるのだろうか。

（2）病院死は何をもたらすか?

テクノロジーの浸透と近代の専門家の登場が遺体処置に大きな影響を与えている今日の状況について、ここではチベットと日本の話から検討していきたい。まずは、生者の世界と死者の世界とのつながりを顕在化させる葬送儀礼での遺体の扱い方の例として、チベットの鳥葬という遺体処置の方法を紹介しよう。

写真11：「雪域西蔵風情録」より

世界各地の葬法には、火葬、土葬のほか、鳥葬、風葬、水葬などがあり、チベットでは鳥葬が一般的である。鳥葬とは、生命の輪廻思想に基づいて、チベットでは神鳥とされるハゲタカに、山の中腹に設置された鳥葬台の上で遺体を骨まで食べさせる葬法である（写真11）。1950年代のチベットの鳥葬に関する報告は、『鳥葬の国』に詳しい（川喜多 1992）。経が唱えられるなか、遺体はできるだけすみやかに処理されることが求められ、徹底的に食べ尽くされることで、死者の魂は昇天できるといわれている。そのため、チベット地区の統計によれば、人口265万人に対して、大小合わせた鳥葬台が1000ヵ所以上あり、ハゲタカが食べやすいように遺体を粉砕する鳥葬師も1000人を越えるといわれている（朝日新聞2004年1月7日）。

ところが近年、鳥葬は中国政府によって「不衛生」「非文明」という理由で、禁止の方向へと動いている。21世紀に入り、政府は新型ウィルス感染防止などを理由に、火葬場を設置し、火葬を推進している。にもかかわらず、いくつかの理由でうまくいかない。1つは、死を新しい生命の始まりと考える「転生」という宗教的な思想の根強さである。2つ目は、近年の環境保護という観点から、火葬は燃料としての樹木が伐採され、火葬後に骨灰が残るという問題、また土葬は大地を汚染し、水葬は河川を汚染するという問題が指摘されている。それに対して、鳥葬は死後の魂の転生という死生観にのっとり、環境保護の精神にもかなっているというわけである（朝日新聞 2004年1月7日）。

他方で、農作物の残留農薬、食品添加物など日常生活の科学化と合成薬の服用にともない、鳥葬に変化が起きているという。薬物汚染された遺体をハゲタカが食べなくなったというのだ。輪廻思想において、ハゲタカが食べ残すことは生前の行いが善くなかったということを意味し、それはチベット族には嫌われている。また、人口増加にともない、ハゲタカの数自体も減っている。したがって、宗教的な思想の根強さにもかかわらず、火葬への転換が余儀なくされる可能性もあるという（朝日新聞 2004年1月7日）。

鳥葬文化を支える輪廻転生の思想は、境界性という観点から見れば、生者の世界と死者の世界とが螺旋《らせん》のように巡り合う構造を基盤としている。その思想に身を委ねることができる生者にとって、死者の世界は自分の日常に近接しており、たとえ自分が死者になっても新たな生者として誕生することを確信している。この「転生」を可能にするのが、ハゲタカによって遺体を食べ尽くしてもらうという遺体処置の方法である。鳥葬の廃止は、再び生者として誕生する機会を奪うと同時に、死者の世界との交通を遮断することになる。こうした観念が、火葬の普及を阻む理由となるのであろう。しかし、近年の科学テクノロジーの浸透による人体を含めた生態系の変化によって、この問題が今後どのような変化を遂げていくのか、興味深いところである。

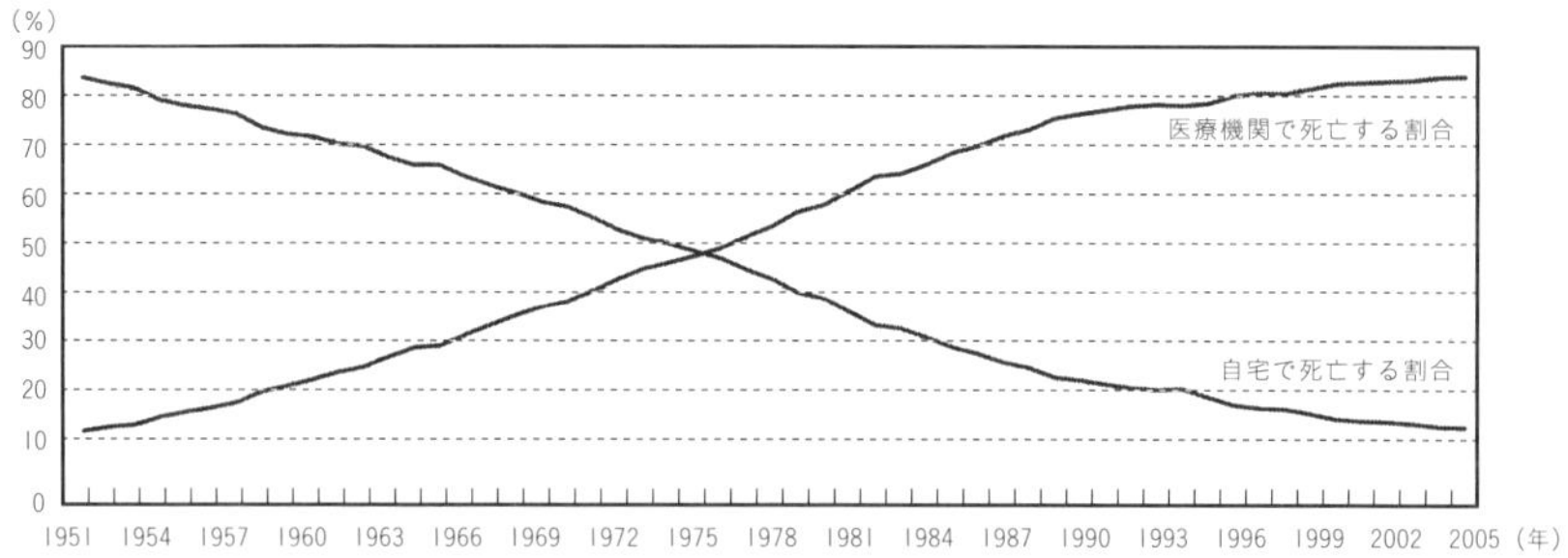

図 22：「医療機関における死亡割合の年次推移」『H19 厚生労働白書』より

次に、日本における看取りの場所と看取る人の変化、そして送る場所と送る人の変化から、近代の専門家の登場が葬送儀礼と遺体処置に大きな影響を与えてきたことについて述べておこう。死の社会的プロセスとは、医師が医学的な死を判定する点にあるのではなく、その後の遺族を中心とした葬送儀礼、そして仏教の世界観では数ヵ月から数年、数十年にわたる供養にまで敷衍《ふえん》されるプロセスのことである。さらにいえば、医学的な死を迎える前の死に逝く人を看取るプロセスも含まれる。

日本の場合、遺族（家族）が看取りの場に付き添う機会の減少は、病院死が増加していく傾向とほぼパラレルである（図22）。先にも述べたように、死を迎える場が家庭から病院へと移行した状況は、死に逝く人との直接的かかわりの機会、そして死をめぐるできごとを体験する機会を確実に減少させている。

また、かつて在宅で死を迎えるのが一般的だったとき、看取る家族は「息を引き取った」「心臓が停まった」「動かなくなった」という死の民俗的な兆候によって「亡くなった」という事実を知りえた。しかし、病院で死を迎える現状では、法的に資格をもつ医師が医学的知見によって死を判定する。たとえ、自宅で死を迎えても、医師による検視がなければ、看取った家族は警察から事情聴取される。言いかえれば、死を迎える場所が在宅から施設へと移行したことにより、死に逝く人の看取りと死の決定が、家族の手から離れ、看護師や医師という近代の制度的な専門家に委ねられたのである。

続いて、現代の葬送儀礼の場は、居住空間の変化により自宅から葬儀会館へと移行し、葬儀の執行主体もまた、家族や親族、地域住民の手から葬儀業者へと移行している。近代以降、核家族化は、地域コミュニティの相互扶助を弱体化させただけでなく、葬送儀礼の方法を世代間継承することをも困難にした。葬儀のやり方を知らないから専門家に頼る、専門家任せになるからますますやり方は知らないという、専門分化を促進させる構造ができあがる。第二次世界大戦を体験した日本を含め欧米諸国の人口構造から、いわゆる戦後のベビーブーマーが死を迎える20年後、葬儀産業が今よりも台頭してくることは想像に難くない。つまり、葬送儀礼の専門分化がよりいっそう進むことに間違いはない。

こうした看取りと葬送儀礼の変化を境界性という観点からみると、社会的プロセスとしての看取りや葬送儀礼に立ち会うことは、生と死の境界領域という非日常的な場に身を置くことでもある。そこに身を置くことを生業《なりわい》とする人は、生者の世界と死者の世界との境界領域にいる媒介者といえる。しかも、死者と生前に何らかのかかわりをもつ遺族との交流を膳立てすることは、残された遺族にとって生きていくうえで最も重要な役割を果たすことになる。かつて、そして今も一部では、そうした媒介者としての役割は、僧侶や神父など宗教的職能者によって担われている。それが、今日の専門分化により医療専門家や葬儀専門家に取って代わられようとしているのである。

では、看取りや葬送儀礼における専門分化が進むに従い、死を経験する機会は専門家にすべて任せられてしまっているのだろうか。家族が生と死の境界に身を置く機会は完全に消えてしまっているのだろうか。こうした問いに答えるように、一部で新たな動きが始まっている。日本の習俗として慣行されてきた「死化粧」が、病院の中でしかも制度的専門家の手で、「家族とともに」という新たな解釈のもと、看護師による看取りケアの一環として実践されている。

他方、アメリカで普及してきたエンバーミングという遺体処置の方法が、科学技術を駆使しながら、「故人とのお別れをより良いものに書き換える」というメッセージを掲げて、日本の葬儀界に導入され、資格をもつ専門家によって実践され始めている。

いずれの場合も、これまでの過度な専門家依存の構造が再検討され、死の迎え方や看取り方、葬送の仕方において本人の意志や自己決定を尊重し、「死化粧」や「お別れ」のスタイルに「その人らしさ」を反映させようとする試みが、きわめて現代的な思考様式のもとで始まっている。

次に、看護の世界で取り組みが進んでいる「死化粧」の実践と、葬送儀礼の一部に組み込まれつつあるエンバーミングの実践について見ていこう。

2　現代社会の遺体処置

（1）家族の「グリーフケア」——死化粧

そもそも、人が死ぬとその遺体は、自然界においてどのようなプロセスをたどるのだろうか。

鎌倉時代に書かれた「紙本著色九相図」に、亡くなった人の体が時間の経過とともに自然に朽ち果てていくプロセスがリアルに描かれている（写真12：10枚。死の九相に加え生前の相が一つあるため10枚となる）。そのプロセスには、死ぬ（第二紙）、膨れる（第三紙）、変色する（第四紙）、血で染まる（第五紙）、崩れる（第六紙）、腐る（第七紙）、獣に食われる（第八紙）、骨だけになる（第九紙）、ばらばらになる（第十紙）という表現をあてはめることができる（cf. 小松編 1987）。現在、日本では事件的要素がない限り、死の九相は私たちの目に触れることはない。

ここでとりあげる「死化粧（エンゼルメイク）」とは、一時的ではあるが、遺体の顔の周辺部分を修復するという人為的介入を病院内の看護ケアの一環として行う実践のことである。見方をかえれば、エンゼルメイクとは、生物学的な存在としての遺体が自然状態のまま置かれたときにたどる、九相図に描かれたような「腐敗」「変質」「消滅」という死のプロセスの一部を見えなくさせることでもある。

人類学者の波平恵美子によれば、「清拭《せいしき》」という行為は、日本の伝統的な民俗の慣行（習俗）として行われていたが、20世紀半ば以降、死を迎える場が病院に移行することで「病院の民俗」「医療者（看護師）の民俗」となっていったという（波平 2003: 179）。このことを踏まえて、人類学者の川添裕子は、1908年（明治41年）の「實地看護法」を引いて、看護師の死後処置としての清拭を伝統的な慣行としての湯灌《ゆかん》の延長線上に位置付けている（川添 2010: 4）。看護師による清拭という行為は、当時の急性感染症や慢性感染症の流行の予防を意識して、石炭酸水による消毒に重点を置いている。以降、看護師による死化粧は、100年以上にわたり、看護業務の一環として専門教育やテキストの中に位置付けられてきたのである。

現在、遺体の一般的な処置方法として行われている死化粧の手順とは、医師の死亡宣告後、看護師による、機器類をはずす、胃内容物の排泄、便や尿の排出、体腔（鼻、口、耳、肛門、膣）に綿を詰める、消毒剤による清拭、着替え、死化粧（ファンデーション、口紅、ほほ紅）、両手を胸の位置で縛る、開口にはあご紐で固定する、白い布をかける、という一連の実践とされている（名波 2005: 2）。

それに対して、2001年に作家であり元看護師である小林光恵によって、死化粧に「エンゼルメイク」という新たな名称が付けられた。死化粧に対して「亡くなった本人の生前の面影を取り戻す」という修復の技術の向上を目指すだけでなく、「亡くなった本人の尊厳の保持」「遺族の悲嘆作業としてのグリーフケア」という、きわめて現代的な意義が新たに付与されたのである（小林 2004）。では、エンゼルメイクと名付けることで、具体的な死後処置の何が、どのように変化したのだろうか。

2002年からエンゼルメイクのモニター病院として指定された榛原病院の副看護部長、名波まり子によれば、新たな取り組みとして、①保湿・肌色の改善のためにクレンジング・マッサージ（蒸しタオル）の導入、傷や腫瘍など特殊事例に対処する実技の向上、②白い布をかけるのをやめる、③シェービングクリームの使用など髭剃りを見直す、④綿詰めは家族にとって本人が苦しそうに見えるのでやめる、⑤長期入院患者を中心にシャワー浴、シャンプーの導入、⑥死装束への抵抗から退院時の普通の衣装へと見直す、⑦異臭防止と安らかさをとりもどすために口腔ケアと目のケアを導入する、⑧家族にとって本人の手や顎を縛ることは抵抗があるのでやめる、そしてグリーフケアにかかわる点として、⑨死後処置への家族の参加を促すことが示されている（名波 2007）。

ただし、こうした死後処置に変化をもたらすことを可能にしたのは、月1回、各病棟の看護師によって開催されているエンゼルメイク委員会での事例検討、また医師や歯科衛生士なども参加する月1回のデスカンファレンスでの事例の振り返り、さらには年2回開催する葬儀業者との話し合いというように、院内と院外の専門家を巻き込んだミーティングを数多く積み上げてきたことによる（名波 2010）。では、ここでエンゼルメイクの技術と家族のグリーフケアの一環を示す事例を名波の報告から紹介しよう（名波 2005; 2010）。

Bさんの場合：46歳男性、脳溢血、中学生の息子、高校生の娘、妻の４人家族

息子、娘、妻、兄弟、主治医、師長、看護師が病室のベッドを取り囲む中、エンゼルメイクが始まった。研究会より、男性のメイクの場合はなるべくダークな色を基本にするよう指導を受けていた。ダークな色で口紅を塗ったところ、枕元の位置に立って静かに見つめていた息子が突然「お父さんの唇の色じゃない」と言った。驚いたナースは、あわてて口紅を拭い取り、その後何回か付け直した。そのたびに息子は「違う。お父さんの色じゃない」と首を振った。妻も娘も心配そうな表情をしながら同調した。メイクパレットから息子が選択した色はダークな色ではなく赤だった。ナースは躊躇しながら赤色にベージュを少し混ぜてつけた。「あっ、お父さんの色だ。お父さんだ。お父さんだ」と息子は声を上げて喜んだ。息子が望んでいた父親の口紅の色は元気だった頃のイメージの赤い色だった。唇の色で15分かかったが、この15分は家族にとって、特に息子にとって、父親の死の場面における貴重な時間であったと考える。成熟した成人ではなく、成長発達過程にある少年期の子供に死の場面をどのように体験させたらよいのか、看護におけるもう一つの重要な役割を意識した。（名波 2005: 3）

写真12：「紙本著色九相図」九州国立博物館蔵、山﨑信一氏撮影
「第一紙」

同「第二紙」

同「第三紙」

同「第四紙」

同「第五紙」

同「第六紙」

同「第七紙」

同「第八紙」

同「第九紙」

同「第十紙」

Cさんの場合：43歳男性、白血病、5歳の双子の息子、妻の４人家族

息子たちと妻と看護師2名でエンゼルメイクを開始した。子どもたちは、父親愛用の髭剃り器を奪い合いながら、「僕がやる、今度は僕」と交代で髭剃りをした。看護師は、「体腔から浸出液が出る場合があるので、綿を詰めさせていただきます」と妻に説明したところ、妻は「綿なんて詰めないでください。そんなことされたら主人は息できないじゃないですか」「手も縛らないでください。何も悪いことしていないし、子どもが見ていますので」と言った。死亡後も、家族の気持ちの中では生きている存在であることを知った。（名波 2005: 3）

Dさん：76歳男性、すい臓がん、妻、長男夫婦、孫、ひ孫の家族

入退院を繰り返しながら治療を続けたが、残念ながら最期を迎えた。妻、長男、嫁、孫、ひ孫の家族がベッドの周りを囲んでいた。その中に、気がかりの存在の18歳くらいの少年があった。ベッドの足もとの壁に寄りかかって、手はパンツのポケットの中に入れ、茶髪で耳ピアス、鼻ピアスだった。「夫はきれい好きだったから」と妻の要望でシャワーの準備をし、浴室に向かうとき、振り払われてしまうかな？　と思ったが、「ご一緒にいかがですか？」と少年の腕をとった。振り払われることなく、素直についてきてくれた。シャワー室に入って「この長靴に履き替えてください」というとスニーカーを脱いで履き替え、「ビニールエプロンをかけてください」と後ろの紐を結ぶのを手伝った。ドームのような浴槽で、4ヵ所から手を入れて身体を洗う設備である。妻、嫁、看護師が身体を洗い、少年と私は頭を洗うことにした。私は頭の横に位置し、少年は頭頂部の位置に立ち、片手で

洗った。「お孫さんですか？　どんなおじい様だったですか？」と声かけしながら、少年の顔を見上げたところ、少年は声を殺して涙を流していた。私はその涙を見た途端、声が詰まってしまい、その後話を続けられなかった。茶髪でも、ピアスでも、態度は大きくても、抱えている悲しみは同じであることがわかった。泣ける場所がなく、機会がなく、悲しみを表出できないでいたのではないかと考えた。泣いてもらえて良かった。一緒にシャンプーして良かったと思った。（名波 2010: 7）

3つの事例が示すように、死に逝く場が病院へと移行し、死を看取る人が専門家に取って代わられているという状況の中で、エンゼルメイクは家族の前に死を顕在化させ、死者と家族との関係を再構成する機能を果たしている。そして、エンゼルメイクに家族が参加することで、生者と死者との交流がもたれるならば、⑨で示された家族のグリーフケアという役割も付与されるといえる。それだけでなく、川添によれば、看護師自身が遺体に話しかけたり、家族と話しながら自らの気持ちを整理したりすることで、看護師のグリーフワークの役割を果たしているという側面もある（川添 2007）。

ところが、エンゼルメイクの導入によって、これまで看護師の習俗として実践されてきた②布かけ、④綿詰め、⑥死装束、⑧手を縛るという一連の実践が、家族からの問いかけに応えるために再検討された結果、変更ないしは中止されるという新たな状況が生まれている。死者と残された家族との関係を再構成することは、死者と生者とがその境界をともに生きる意味を新たに創造し、生から死への移行の時間の意義を再確認することでもある。他方で、遺体が「生前の面影を取り戻す」ことで、生者にとって身体の「腐敗」「変質」「消失」という自然のプロセスへの意識は遠ざかる。エンゼルメイクが「美しさ」「優しさ」「暖かさ」としての死者のイメージを作り出す装置だとすれば、他方で、「醜さ」「残酷さ」「恐ろしさ」「冷たさ」としての死というもう一つの側面を見えなくする装置であるといえる（cf. 川添 2007）。

次に、エンゼルメイク以上に、遺体を半永久的に保存し、死の負のイメージを徹底的に消去していく方法として、科学テクノロジーを駆使したエンバーミングという遺体処置の方法について紹介していこう。

（2）「生前のままに」――エンバーミング

現代の日本社会では、死に逝く場所が家庭から病院へと移行し、葬儀執行の担い手もまた遺族から葬送業者へ移行している現実については、すでに指摘した。では、遺体処置の担い手はというと、大正期においては湯灌師が臨終期に呼ばれて清拭を行っていた。その後、昭和初期になると、葬祭業者の中の納棺師の仕事となる。現代に至っては、寝たきりの高齢者を自宅で入浴させるシステムを応用した移動式湯灌サービスを提供する湯灌業者も現れている。習俗として遺体を取り扱ってきた遺族や湯灌師に代わって、映画『おくりびと』で描かれる納棺師のように、葬送業者という葬儀を執行する専門家の登場で、遺体処置の仕事は家族の手から完全に離れたといってよい。

なかでも、遺体処置の担い手として現れたエンバーマーとは、死体に対する直接的な処置技術（防腐、修復、殺菌）を意味するエンバーミングを執行する人たちのことである。エンバーミングは、アメリカを中心としてカナダやヨーロッパなどで行われている遺体処置の方法である。以下の話は、民俗学者の山田慎也の論文による（山田 2003）。

葬儀形態が日本と異なるアメリカでは、日本の告別式のように死者との別れを1日で済ますのではなく、「ビューイング」と称して遺族や一般参列者による対面期間を1週間以上設けるという形をとるため、遺体を長時間保存する必要性がある。とりわけ、アメリカでエンバーミングが発展してきた背景には、いくつか理由がある。19世紀の南北戦争の際に、戦死した兵士の遺体を故郷に移送するために、長距離の輸送に耐えうる技術が要請された。とりわけ、暗殺された第16代リンカーンの遺体を故郷に運ぶために、よりいっそうの技術革新が進んだという。その後、技術革新を担うエンバーマーの資格化が進むとともに、19世紀になると葬儀科学 mortuary science が確立されていく。

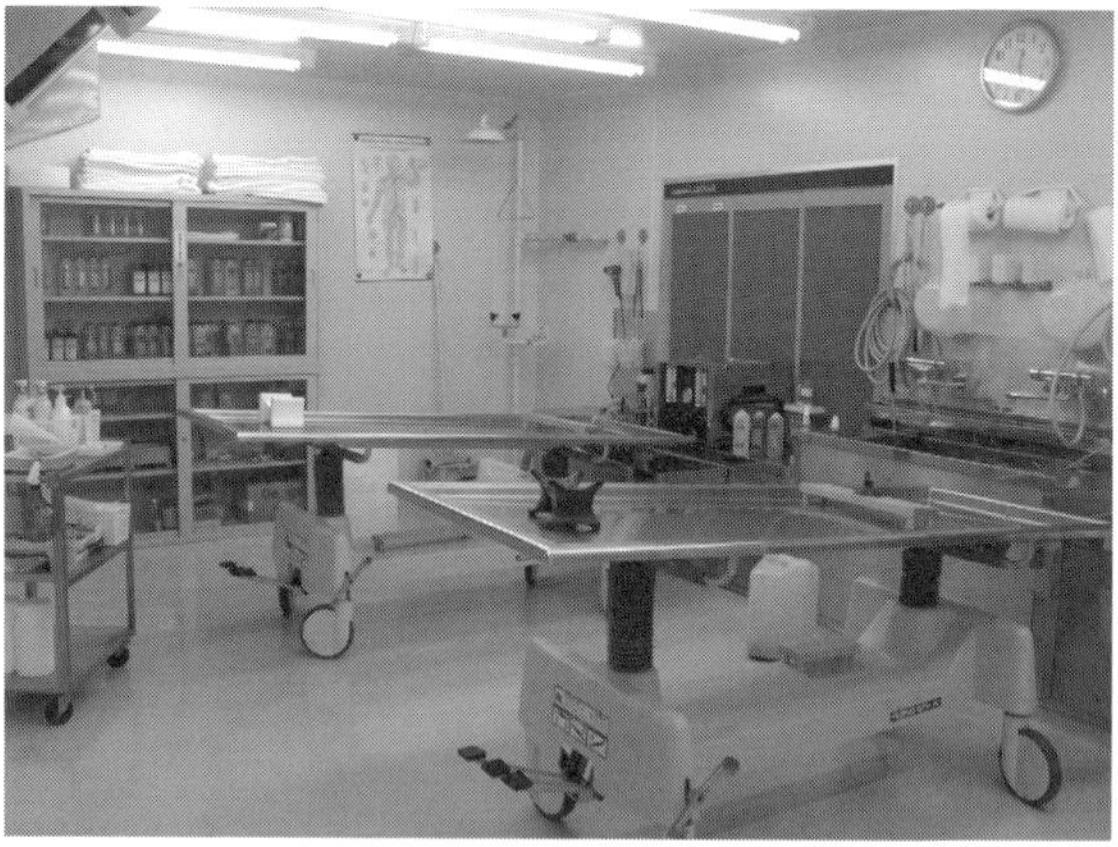

写真13：エンバーミングの処置室。㈱公益社関西エンバーミングセンター提供

　葬儀科学の発展によって、エンバーマーの技術の科学性（解剖学、薬学の導入）が強調されるようになり、かなりの専門性が求められるようになる。科学的な技術とは、灌流固定法という方法によって全身の血液を排出し、そこに薬液を注入し、防腐処置をほどこし、発色させるという外科的な施術のことである（写真13、14）。エンバーマーは、その身分、資格、衛生基準は州法によって規定され、遺体処置の専門家であるとともに葬儀全般を執り行う資格（フューネラル・ディレクター）もあわせもつ専門家である。

　アメリカでは、エンバーマーの資格獲得のための専門教育の場として専門学校（40ヵ所）や死体防腐保存学大学 College of the Mortuary Science が設立されている。そこでは、「ハードサイエンス」として、解剖学、化学、病理学、微生物学、エンバーミング、復元技術の授業が用意され、「ソフトサイエンス」として色彩学、化粧学、心理学概論、悲嘆の心理学、カウンセリング、タナトロジー（死生学）と社会学、葬祭サービス業概論、法律、経営学簿記・経理を学ぶことになっている。

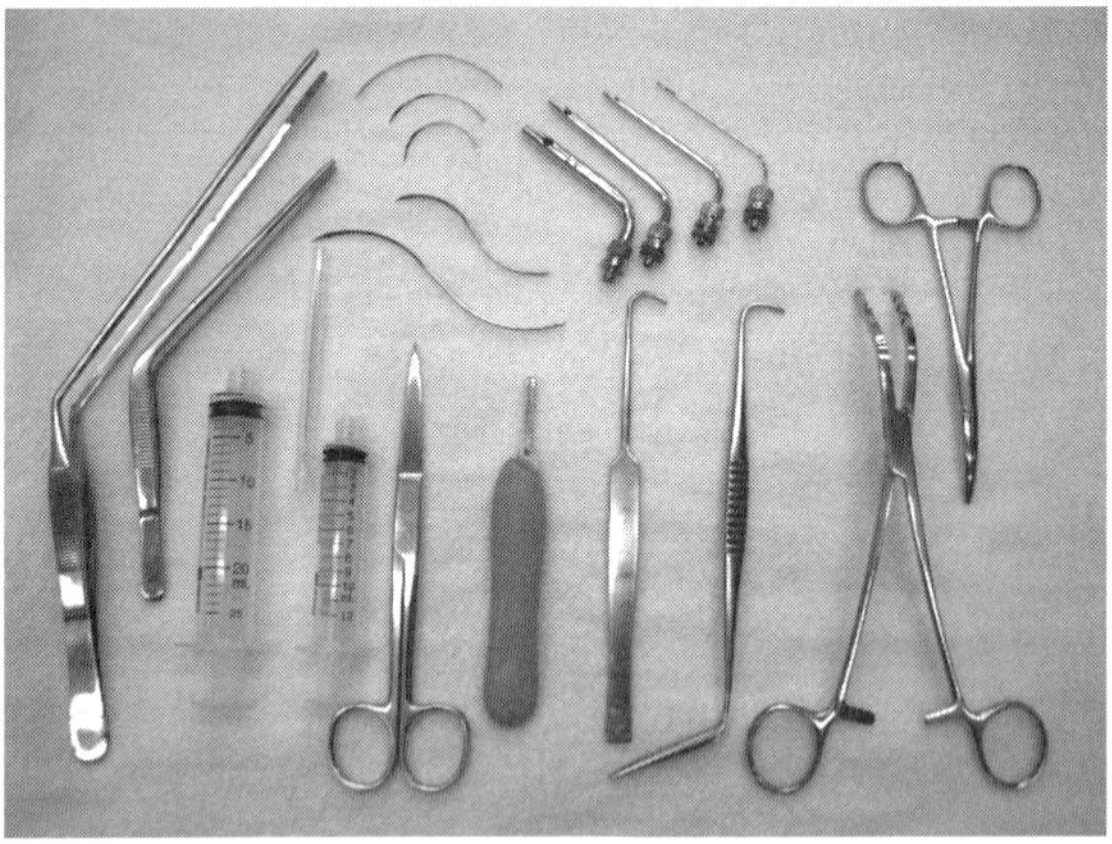

写真14：エンバーミングに用いる器具。㈱公益社関西エンバーミングセンター提供

エンバーミングの普及率を海外比較（一九九五年時点）でみると、アメリカとカナダは90～95％にも上り、ほぼ葬儀の一般的な方法として定着している。ほかに、イギリス70％、フランス30％、北欧75％、シンガポール70％となっている（公益社葬祭研究所 2005: 33）。日本は1988年を皮切りに、2000年で1万187体（死者約100万人）を施術している。それ以降、施行件数は毎年確実に増加し、2009年に至っては1万9291件となっている（表2および一般社団法人IFSA資料）。

日本でエンバーミングを導入する際、その施術が問題となるのは遺体毀損《きそん》の対象となるかどうかという法的なことであった。その際に、合法であることの根拠を求めたのが、医学的な観点である。1992年に「わが国におけるエンバーミングのあり方に関する研究」（旧厚生省報告）の中で意義と問題点が指摘され、法的にも医学的にもエンバーミングは「違法ではない」というお墨付きを与えられた。１９９４年になると、解剖学、病理学、法医学の専門家、そして弁護士、全国最大手の葬送業者を会員とする「日本遺体衛生保全協会ＩＦＳＡ」が設立される。そこでは、法律・環境衛生・国際技術水準・消費者保護における適切な実施と普及を目的とし、協会内部で遵守すべき「遺体衛生保全自主基準」を設定する。２００９年現在、国内ではエンバーミング施設は15都道府県31施設となっている（一般社団法人ＩＦＳＡ資料）。

年	件数	死亡者数	EM 率
1988	191	793,014	0.02%
1989	420	788,594	0.05%
1990	656	820,305	0.08%
1991	1,009	829,797	0.12%
1992	1,423	856,643	0.17%
1993	4,364	878,532	0.50%
1994	5,054	875,933	0.58%
1995	8,415	922,139	0.91%
1996	8,614	896,211	0.96%
1997	8,401	913,402	0.92%
1998	8,665	936,484	0.93%
1999	9,569	982,031	0.97%
2000	10,187	961,657	1.06%
2001	10,888	970,331	1.12%
2002	12,204	982,379	1.24%
2003	13,992	1,012,866	1.38%
合計	104,052		

表 2：全国エンバーミング施行件数。『新しい葬送の技術エンバーミング』より

　エンバーミングの基本的な目的は、①科学性の根拠を求めた「公衆衛生」（遺体衛生保全）、そして②遺族の地理的分散化、海外渡航、移住により葬儀期間の延長を可能にするための「防腐保存」、③「修復化粧」の３つである。アメリカでは、地理的状況と葬儀形態を反映して①と②が強調されるが、日本の葬儀業界での強調点は③である。さらに、３つの機能を細

かく見ていくと、遺体に向き合う人によって強調点が異なってくる。例えば、遺体を直接取り扱う専門家（医師、看護師、葬送業者）にとっては、生前罹患《りかん》していた疾患（結核、肝炎など）による感染防止が重要課題となるため、①の「公衆衛生」が強調されるが、葬儀までの期間が長引く際には、葬儀社と参列者にとって②の「防腐保存」が重要となる。そして、遺族にとっては「きれいなままで、生前のままの顔でお別れをする」ことが重要となるため、③の「修復化粧」に重点が置かれる。

特に、③の「修復化粧」に関して、ある葬儀会社では宣伝用パンフレットに、「『さよなら』をきれいに伝え、最後の別れに選択肢を増やすために」「大切な人だからこそ、悲しみが思い出に変わるまで美しいままに」「尊厳あるお別れ」「家族の『絆』の大切さ」「生前の姿のまま」といった表現を使うことで、エンバーミングの意義を伝えようとしている。これらの言葉から、先のエンゼルメイクと同様、日本の習俗の中に見られる死の穢《けが》れの観念を払拭《ふっしょく》し、新たな観念へと意味変換しようとする専門家の意図を読みとることができる。死を隠蔽するのではなく、遺体を修復することによって生者との関係性を再構成し、生と死の意味を理解することに貢献できると主張するのである。

ただし、チベットの鳥葬を支える死の観念が、火葬への転換という国家の方針によって容易には変化しないのと同様に、エンバーミングという施術がこれまでの日本人の死生観を大きく揺るがすかどうかはわからない。施術に対する抵抗感として、火葬が前提なので不要である、特別な施設で施術する必要があるため遺体が家族のもとから一時的に不在となる、切開手術という介入を身体への侵襲と捉えている、などが指摘されている（フジテレビ編 1998）。

逆に、需要の理由として、交通事故や自殺による遺体の修復、終末期医療の長期化によるダメージ（やせ、むくみ、顔色変化）から「きれいになる」ための修復、幼くして亡くしたわが子と心置きなく別れをするため、などの利点が指摘されている（フジテレビ編 1998）。今後、エンバーミングの浸透で、日本人の死生観や遺体観はどのような変化を遂げていくのだろうか。大変興味深い。

日本の葬儀業界には、エンバーミングの導入に関して賛否両論があり、賛成している葬儀会社でも積極的に広報し、導入するという戦略はとっていない。むしろ、エンバーミングは、従来の葬儀形態を維持しながら、オプションの一つとして提示するにとどめている。オプションであるということは、個人の意思による選択の対象となり、個人の価値観に委ねることになる。言いかえれば、地域で共有されていた習俗としての葬送実践が、葬儀様式の多様化とともに個人化を促されることはあっても、エンバーミングの導入によって、これまでの葬儀方式（日程）、葬儀形式、祭壇形式が変化するという可能性はあまりない。また、エンバーミングという施術の導入に、宗教的な理由は問わないという意味でも、現状の葬送儀礼に大きな影響を与えることはないだろう。むしろ、宗派を問わず、遺族にとって「安らかな死に顔」を可能にするという修復への関心が口コミで広がることで、それを施行するか否かにかかわらず、エンバーミングという技術方法が一般的に認知されていく可能性は高い。

さて、エンバーミングという施術、そしてエンバーマーという専門家の登場は、生と死との境界性という観点から、どのように読み解くことができるだろうか。

日本の民俗としての湯灌師や納棺師と異なる点として、エンバーマーは近代以降の科学テクノロジーを駆使し、医学や法学の後押しを受ける専門家であること、また遺族との直接的な対話やかかわりはほとんどもたないことなどがあげられる。そのうえ、施術のための施設は遺族の目から遮断されている。近代的な専門家という意味では、看護師による死化粧の実践と類似点があり、「生前のままの姿」「遺族のグリーフケア」という同様の目的を掲げているが、施術の場を遺族と共有しているかどうか、遺族との直接的なかかわりをもつかどうかという点で異なっている。さらに、死の自然のプロセスにおける「腐敗」「変質」「消失」の場面の欠如という観点から見れば、死化粧以上に、死につきまとう醜さ、残酷さ、怖さを生者の世界から限りなく遠ざける装置となっている。

ところで、「生前のままの姿」という表現に着目した人類学者の田中大介は、遺族や業者が用いている「自然」という語彙《ごい》について、興味深いことを指摘している。葬儀会社の謳《うた》い文句「生前のままの姿」に関心を抱いた人たちにとって、エンバーミングという技術は「本当の姿」「自然の姿」に戻してほしいという欲求に応えるものだというのである。人々にとっては、九相図に描かれたような時間とともに変質していく遺体ではなく、科学テクノロジーを駆使して人為的に作られた遺体こそが「自然」であるという指摘である（田中 2008: 104）。

人の手が介入しない「自然」から遠く隔たった日常を生きる私たちは、人工的に植栽した樹木のある公園であっても、緑が多ければ「自然が多い」と表現する。遺体が放置される状況が法的に許されない社会では、遺体がそのまま「腐敗」し「変質」していくというイメージはすでに消失しており、「死」につきまとう正と負の二つの側面という枠組み自体、想定されえないのかもしれない。病気や治療のテクノロジーが引き起こした「醜い」「やせ衰えた」「顔色の悪い」遺体か、科学テクノロジーとしてのエンバーミングによって修復された「生前のままの」遺体かという、遺体の2つの側面という枠組みでイメージしているに過ぎないのかもしれない。これはもはや、科学テクノロジーの介入それ自体が「自然」となっている現実を顕《あらわ》しているといえるのではないだろうか。

エンバーミングという技術は、「死が隠蔽されている」とされる現代社会において、生者の世界と死者の世界との境界性を改めて意識させる装置であるといえる。けれどもそれは、アリエスがいうように、近代以前は死に逝く人にとって死の訪れは知覚されていた、またそれを周囲の人と語り合えたという意味での「飼いならされた死」を顕在化させるものではない（アリエス 1983=1975）。エンバーミングは、死に逝く体験を身近な人と語り合えるような場の創生にかかわるのではなく、あたかも生者のように存在する死者との別れを体験する場を創生する装置といえる。死に逝く本人の体験を言葉にしたり、それについて家族や友人、知人が語り合ったり、それを次世代に語り継ぐというプロセスを取り戻す装置ではない。

むしろ、死という現象を「生前の姿のまま」「きれいなまま」という一義的なイメージに固定していく装置だとすれば、亡くなってもなお生者の世界にとどまらせる、もしくは限りなく死者の世界への移行を遠ざける装置であることも否定できない。このことは、死を顕在化させるというよりは、限りなく老いを引き伸ばし、永遠に元気な姿を目指すことにも重なる。第7章で述べた「活力ある高齢者像」に求められる若さや生への執着を示す老いの価値観とも通じる、きわめて現代的な生の様式を表したものではないだろうか。

参考文献

青木新門　一九九六『納棺夫日記　増補改訂版』文春文庫

アリエス、フィリップ　一九八三＝一九七五『死と歴史：西欧中世から現代へ』みすず書房

朝日新聞　二〇〇四年一月七日付、朝刊

橋爪謙一郎　二〇〇九『エンバーマー』祥伝社

川喜多二郎　一九九二『鳥葬の国：秘境ヒマラヤ探検記』講談社（学術文庫）

川添裕子　二〇〇七「病院における死：死化粧への二つの方向性から」『千葉看護学会会誌』13－1、三五－四三頁

小林光恵編　二〇一〇　口頭発表「病院看護師の葛藤：死化粧／死後処置における死の『リアリティ＝現実』」民博共同研究『サファリングとケアの人類学的研究』（浮ヶ谷幸代代表）国立民族学博物館

小林光恵監修　二〇〇四『ケアとしての死化粧』日本看護協会出版会

小林光恵編　二〇〇七「特集1　看取りの場面が変わります！　グリーフケアとしてのエンゼルメイク（死化粧）」『Nursing Today』3月号、一六－二五頁

小松茂美編　一九八七『日本の絵巻7　餓鬼草子　地獄草子　病草紙　九草紙絵巻』中央公論社

厚生労働白書　二〇〇七『厚生労働白書：医療構造改革の目指すもの』厚生労働省編

公益社葬祭研究所　二〇〇五『新しい葬送の技術　エンバーミング』現代書林

熊田紺也　二〇〇六『死体とご遺体：夫婦湯灌師と4000体の出会い』平凡社（新書）

名波まり子　二〇〇五「エンゼルメイク（死化粧）」『榛原総合病院学術雑誌』第2巻、第1号、一－四頁

田中大介　二〇一〇　口頭発表「病院における死後処置の見直し：悲嘆に沿う死後ケアに」民博共同研究『サファリングとケアの人類学的研究』（浮ヶ谷幸代代表）国立民族学博物館

二〇〇八「葬儀と葬儀社：死ぬこと、はたらくこと」春日直樹編『人類学で世界をみる：医療・生活・政治・経済』ミネルヴァ書房

山田慎也　二〇〇三「越境する葬儀：日本におけるエンバーミング」『現代民俗誌の地平1』朝倉書店

視聴覚教材

フジテレビ編　一九九八年一一月四日放映『エンバーミング』フジテレビジョン

終章

あなたの身体と〈つながる〉身体

これまでさまざまなトッピクスを通して、人、モノ、状態、観念における境界領域の連続性とその特異性について考察してきた。総じていえば、現代社会に生きる私たちは人と人、モノと人、モノとモノとを分類するとき、分類しようとしても分類できない領域があることを見ようとはせず、そこにある連続性をあたかも存在しないものとして思い込んでいる。けれども、ふだんは当たり前だと思っているできごとを改めて考えてみると、どうしても分類することのできない境界という領域があることに気づかされる。

ここでは、第一部の理論編をもとに第二部でテーマ別に論じてきた身体をめぐる〈つながり〉について、そのあり方を読み解くために、二つの観点からまとめてみたい。

一つ目は、そもそもつながっているものをあえて切り離し、その間に作られる「適度な距離」という観点である。それは、自己（身体）と他者、自己（身体）と内なる他者とのあいだに作りだされる距離の取り方であり、人と人との〈つながり〉のあり方でもある。

二つ目は、すでに分割されていると認識されている人、モノ、状態とが重なり合うときに、分割されたものの連続性を垣間見せてくれるという点である。男と女という二つの性をめぐる越境性とその両義性、老いゆえの人間の生の根源的な様式としての自己と身体、自己と他者との間にある未分化状態やコミュニケーションのあり方、そして遺体をめぐっての生の世界と死の世界との連続性についてである。

一点目、つながっているとされる自己と身体、他者との間をあえて切り離し、そこに適度な距離をとることの意味についてまとめておこう。物質的な存在としての身体と、感覚や感情、思考の主体となる自己とを切り離すことはできないが、自己と自分の身体（の一部）との間に適度な距離を置くような関係が必要なときがある。

アーカイックな社会では親族関係という文脈で、同じ役割をもつものとして自己と他者とを同一視する役割関係がある。このような〈つながり〉のあり方は、現代社会ではありえないというだけでなく、そうした捉え方は自己と他者を分離することができない未発達な思考であると見なされもする。しかし一方で、大人と子ども、親と子、夫と妻などの別の役割関係を持ち込むことで、もともと他者と不分離の状態にある自己を他者から切り離すさまざまな装置がある。いずれも、ある集団を秩序ある社会として存続させるための装置であり、人と人との関係を維持するための適度な距離の取り方である。

　現代社会でも自己と内なる他者との間で適度な距離をどう取るか、模索している人たちがいた。移植医療の場では、移植された臓器は非人格的なモノであり、免疫学的に適合するレシピエントの身体と一体化するモノとみなされている。ところが、モノであるはずの臓器が、人格性を帯び、あたかもそこには「だれか（他者）」が存在するかのように語られる。レシピエントにとって、移植された臓器は移植された時点で即自分の身体に同一化するわけではない。そこにあるのは、「だれでもない」匿名的な臓器などではなく、かといって自己に同一化した臓器でもない、「あいまいなどっちつかず」のモノである。そうした状況に何とか対処するために、レシピエントは自己と移植臓器との間に一定の距離（かけがえのない関係）を持ち込むことで、他者性を帯びている臓器を受け入れようとするのである。

　また、自己から内部の他者を切り離す試みとして興味深いのは、精神の病いを抱えながら生きる人たちの幻聴との付き合いの技法であった。幻聴を自分とは異なる他者として切り離し、それを「幻聴さん」と名づけて人格化し、歓迎されざる幻聴さんと「ともに暮らす」技法を模索する試みである。自己の中の他者とは、たとえ精神の病いをもたない人であっても、関係のない話ではない。だれもが自分の中に「わからない自分」「認めたくない自分」を抱えているからである。だとしたら、幻聴さんとの付き合いの技法とは、自己の内にある「理解を越えた部分」「見たくない部分」、つまり自己の内部に存在する他者とどう付き合うかというコミュニケーションの技法として捉えることができる。

自己を、異質な他者が入り込まない「統合された自己」と見なし、他者が入り込んでいる自己は異常であると見なす近代の思考法に囚われている限り、内なる他者性に気づくことはできない。他者との付き合い方を身につけることもできない。徹頭徹尾、排除の論理に従うか、もしくは異質な他者と自己とが〈つながる〉地平を見いだせないまま混乱し続けるほかはない。それに対して、他者と「ともに暮らす」ためには、相手を徹底的に排除するのではなく、宥《なだ》めすかし、配慮し、お願いするという、なんとか折り合いをつける態度が重要となる。異質な他者との交渉術は、人間の世界に良いことも悪いこともをもたらすスピリットとの付き合い方を文化装置として備えるアーカイック社会の技法と重なっている。

病気になると、人は不快な感覚や違和感、意思に反した体の動きや想像を超えた感覚に遭遇する。健康なときと病気のときとでは身体感覚が異なり、その違いに気づくことができれば、それなりに病気との付き合い方を模索する余地が生まれる。けれども、痛みや身体の違和感がともなわない人にとって、病気を自覚することや病気の身体と向き合うことはなかなか難しい。

ところが、糖尿病者の中には、血糖値を手がかりに自分の身体と向き合うプロセスの中で、今まで経験しなかった身体感覚に気づく人がいる。ここで遭遇する身体は、臓器やその機能で説明される生物医学的な身体、もしくは検査値や図像で解析される生理学的な身体とは異なっていて、生《ナマ》の経験によって身体感覚が呼び覚まされる身体である。血糖値という数値は、治療の対象となる「糖尿病である身体」（客体）をいったん自己と切り離し、固有の身体感覚をともなう「〈いまここ〉を生きる身体」（主体）との整合性を模索する契機となっていた。それだけでなく、自分を取り巻く人たちとのかかわり、家族や友人、医者や看護師との関係を考え直すきっかけを与えてくれていたのである。病気が人と人とをつなぎ、血糖値が人と人との関係をとり結ぶ契機となっていたのである。

次に、まったく別のものとして切り離されて認識されている人やモノ、状態が、境界領域では重なりながら連続しているという第二の観点についてまとめておこう。分割への志向は、近代以降、論理一貫性や客観性に基づく科学的思考と近代国家の秩序化のためのプロジェクトの中で強固になっていった。この認識様式は、一点目で指摘した、自己と他者とを明確に区別し、自己は統合されるべき存在であるとする思考とも結びつき、現代社会の自己決定と自己責任を前提とする規範を支えている。こうした社会で、分割を揺るがす可能性をもつ境界の連続性に着目することに、いったいどのような意味があるのだろうか。

現代の日本社会では、本人の求めに応じた性に変更できるという事実は容認されているとしても、男と女との間にある性の連続性については、性別を決定する医学的言説が力をもっている限り、ほとんど話題にはならない。日本の性同一性障害者とインドのヒジュラとは、一見、同じ土俵で議論することはふさわしくないように思えるが、性の自己認識の揺らぎや性別のあいまいさという観点からみれば、同じ問題関心を含んでおり、いずれも性の境界領域に位置する人たちである。

性別二元論を強制する社会は、精神医学が定める診断の定義や国家が求める法的規範によって「男でもなく女でもなく」という境界領域を認めない。さらには、同じ人が状況に応じて男女の役割を使いわけてふるまうことも「矛盾している」と見なす。それが、自己認識のあり方として、首尾一貫性や不変性に価値を置く現代社会の姿である。アイデンティティのあいまいさや自己の不確実性といったものは、性の問題にとどまらず、分類という近代の思考様式からはこぼれ落ちるものであり、それは教育によって矯正されるべき、また啓発されるべき対象となっている。

　相手に応じたヒジュラの他者とのかかわり方、つまり社会的役割関係や親戚関係、地縁関係にみられる性の区分けを越境する戦術は、近代の二元論的思考を当たり前と思っている私たちには、一見突拍子もないものとして映る。けれども、私たちも24時間365日、一生にわたって、生物学的に決定された性や社会が求める性のみで生きているわけではない。同じ相手であっても、時と場合に応じて異性のように、同性のように、同じ人間として相対している。それを矛盾しているとはいわないだろう。少しばかり、不思議な印象を与えたり受けたりしたとしても、である。

　性の境界領域には、破壊力と創造力という両義的な力が内在していた。この点は、宗教的な信仰や信念を基盤とする生活からかけ離れて暮らす人にとっては、ほとんど思考の対象とはならないだろう。けれども、人間の生の根源的な様式という観点からみれば、境界領域に位置する人は、男女の結びつきや子どもの誕生という人間の再生産を維持する役割、そして人間の世界（この世）と超自然的な世界（あの世）との関係をうまく調整するという役割を担っている。科学テクノロジーがどれほど高度に発達しても、科学的思考で分類できない不可知の領域はなくならない。科学はそこを探求しようとますます分割を精緻《せいち》化していく。そうした領域に科学とは異なる方法で立ち入ろうとするのが、人類学的な知のあり方なのである。

　老いをめぐる身体では、忘れるということの意味や身体レベルでのつながりのあり方について考察した。記憶がなくなったり理性的に物事を考えることを喪失した痴呆老人の世界では、「認知症」という精神医学の診断を超えて、それまでの関係性に埋め込まれた身体の記憶が重要な意味をもっていた。それを示すのは、連れ添う夫婦の〈つながり〉が身体化したふるまいや、認知症を抱える人たちの身体の空間配置という営みであった。また、身体の一部としてのモノの交換、目には見えない「モノ（空っぽ）」を手渡すことで関係性を形作るという、人間の生の根源的なありようとしての「かかわりのかたち（〈つながり〉のあり方）」があった。

さらにそこでは、人間の存在様式の原初的なあらわれとして、人と人、モノとモノ、人とモノとの関係が未分化の状態として語られる起源神話の世界があった。これを医学的な説明で現実を認知できない病的なあらわれとみなすか、人間のもつ分類思考以前の普遍的なあらわれとみなすかによって、ふるまいの主体である老人の価値が決まる。老人は、限りなく死に近いところにいるけれど、完全に死の世界に入っているわけではないという生と死の境界領域に位置している。あの世とこの世、現実の世界と超自然的な世界とのつながりを顕《あら》わに見せる存在である。

認知症という診断によって、老人ゆえに獲得してきた身体の知恵や身体記憶の意味を否定する現代社会は、いったいどこに向かっているのだろうか。生と死の境界領域に身を置く老人たちを「ああはなりたくない」「見たくない」存在として見なすような社会に対して、老人たちは呆けることでどんなメッセージを投げかけているのだろうか。今一度、考えてみる必要がある。

生者の世界と死者の世界とは現実では分離されており、ふだん人は死を意識しないままに生きている。生と死の境界性を突出させるのは、「すでに生きているわけでもなく、完全に死んでいるわけでもない」状態にある遺体という身体である。葬送儀礼（葬式）とは、死者をこの世に留めることなく無事にあの世に送り出すためにあり、遺体のもつ境界性に対処する文化装置である。

死を迎える場がほぼ医療機関となり、葬儀の執行を葬儀会社に委託する今日、遺体にじかに触れ、遺体と向き合い、遺体と語り合う機会は少なくなった。家族に代わって遺体を処置するのが、病院の看護師であり、葬儀にかかわるエンバーマーである。確かに、家族を巻き込み、残された家族のグリーフワークの一環として行う死化粧、そして長期療養や事故による遺体の損傷を修復し、亡くなった本人の「生前のままの姿」を取り戻すエンバーミングは、現代社会で死を顕在化させる技術であり、遺体を家族が望む状態、つまり家族や弔問客の目に耐えうる状態にすることを可能にしている。

しかし、これらの技術は、「きれいなままの姿」「生前のままの姿」を望む家族の意向に沿うことになるが、他方で死の「腐敗」「変質」「消失」というプロセスを回避し、遺体を生の領域にとどめる技術としてもうけとれる。これまでの遺体処置のあり方に確実に変化をもたらすが、変化を担うのは専門文化に生きる人たちであり、変化を後押しするのは家族の遺体観でもある。また、これらの技術は亡くなった本人不在の作業であり、生前の本人と死について語ることは想定されていない。家族が死を迎える人の体験に耳を傾けたり、死についてともに語り合ったりして、生者の世界と死者の世界との〈つながり〉を実感する経験は不在である。

新たな科学テクノロジーを駆使した現代の遺体処置技術が、生と死の境界を露わにし、生と死の連続性を垣間見せる一方、生の延長上にあるこれらの遺体処置が、はたして死者をあの世に送り出す装置となりうるのだろうか。北欧では、ドライフリージングという処理法によって遺体を自然に返すエコロジカルな技術も開発されている。「土にもどる」、「自然に帰る」といったエコロジーブームにのった「自然葬」のイメージとともに、科学技術の進展は遺体観や死生観に今後どのような変化をもたらしていくのだろうか。いずれにしても、死についてともに語ることのタブーは解除されないまま残されている。

以上のように、身体と境界をめぐる現象を人類学の知によって読み解くことで、身体の〈つながり〉のあり方について考察してきたが、あなたの目に身体はどのように映ったのだろうか。

近代的な分類思考に慣れている私たちは、境界領域に息づく豊かで不思議な世界をふだん垣間見ることはない。病いや障害、生活上の生きづらさを抱えている人たちの生き方に耳を傾けない限り、現実には見えない世界、もしくは見ようとはしない世界に気づかされることはない。ましてや、病気であることや障害をもつこと、老いることにマイナスの印象しかもちえないのであれば、そうした状況でこそ露わになる身体をめぐる境界の両義性について考えるきっかけを見落としてしまう。境界領域の多義性と変革可能性を潜在的にもつはずの人間の生の根源的なありようについて思索する道は閉ざされてしまうことになる。

「たかが身体」「ままならぬ身体」でありながら「されど身体」「かけがえのない身体」を生きる私たちは、身体という未知なる世界に船出した今、その無限の可能性について改めて考えるときがきているのではないだろうか。目に見える世界だけでなく、目に見えない境界領域の世界に関心を向けるならば、今ある生活の中に新しい発見をもたらし、〈いまここ〉を生きる身体が息づいていること、身体自体が驚くべき存在であることに気づくことだろう。

自分の身体は、一見、目の前にある他者の身体と分離、独立した個別の身体であるように思える。けれども、「身体とはなにか」という問いをもち、身体への知的好奇心を抱き続けるならば、そこには他者や世界と交流し、相互に配慮し合い、つながり合う関係の中で息づいている身体が、あらわれてくるのではないだろうか。

あとがき

これまで、臓器移植、精神の病い、糖尿病、性同一性障害、認知症などをとりあげ、現代医療の現場で起こっているできごとを、人類学的な観点から、どのように読み解くことができるかについて示してきた。また死化粧、エンバーミングという遺体をめぐる民俗が、制度的専門家や科学テクノロジーによっていかに変容を起こしているかについて明らかにしてきた。身体と境界の世界は、あなたの目にはどのように映っただろうか。すべての章を読み終えた後、「はじめに」で提示した問いに対してあなたはどのように答えるだろうか。読む前とくらべて、はたして変化しただろうか。変化したとしたら、どんな視点がどんなふうに変化しただろうか。

みなさんに伝えたかった講義のエッセンスをみごとにつかみ取ってくれた学生がいる。2008年の『生命・身体の社会学』の授業で、レポート課題の最後に授業全体の感想を書いてくれた立教大学社会学部3年生のYT君である。

文化人類学的な知見に触れるといつも思うことがある。現代では個人の自立や個性の尊重などの価値観が重視されたり、一方で消費社会の中に個人が埋没してしまったり、人々はしらずしらず孤立してちりぢりになってしまう傾向があるが、人間関係のもっと根幹の部分はそうした孤独の多様性の底に流れているということである。私たち健常者はいわゆる社会的弱者とは体も精神も違うんだと思い込みがちではあるが、実はそんなに変わらないということに気づかされる。

現代に広がっている多様性って一体何なんだろうか？　それは空虚なようであり、かけがえのないものでもあるような気がする。人間社会は今も昔も様相は違えども多様性の中にある。文化人類学はそうした多くの秘密に向かって限りない好奇心を注ぎ込み、私たちに多様性と共通性を示してくれている。この狭い日本という社会の中にも、私とあなたという関係の中にもこの秘密は隠されていると思う。相手を知ることで自分を知り、自分を知ることで社会を知ることができるのではないだろうか。

いまだ言葉にできないこうした高揚感を大切にしつつ、新たな知識と発見を求めていきたいと思った。半年間ありがとうございました。

手前味噌な紹介かもしれないが、私が授業で伝えたかったことを自分の言葉で見事に表現してくれたのだ。このコメントによって、自分の授業を改めて見直すことができたし、自分が授業で意図していたのは「そういうことだったのか」と気づかせてもらった。教壇に立ったことのある人ならば、こうした学生に一人でも出会えれば幸運であることを実感するだろう。このコメントに背中を押されて、授業の内容を本にしようと思いたったと言っても過言ではない。YT君、こちらこそ、ありがとう。

ところで、本書のようなテキストを執筆する試みは、私にとってはじめての経験である。これまで、私は単著、共編著で、自分のフィールドである糖尿病や精神の病いとともに生きる人たちの世界を描いてきた。自分の目で見、自分の耳で聞き、自分の身体全体で感じ取ってきたことを言葉にしてきた。こうした試みは、それなりに困難をともなう作業であるが、それでもどこか確信をもちながら書き進めることができた。

ところが、本書のように、自分のフィールドのことを部分的に組み込みながらも、多くが文献からの引用や資料の参照をもとに文章化していくという試みは、誤読の危うさや省察の未熟さという不安が常につきまとう作業であることを痛感した。

けれども同時に、日ごろから気になっていた、全く関係ないと思われる事象と事象を自分なりの解釈によって結びつける試みは、改めて人類学ならではのおもしろさを体験させてくれた。自分のフィールドだけに閉じ込もりがちだった思考の広がりを、かなりの自由度をもって展開できたことで、書くことの新たな喜び、楽しさを味わうことができた。人類学を続けてきてよかったと実感できた瞬間である。人類学のおもしろさを若い世代に伝えていくことの大切さも、改めて感じている。もちろん、だからといって誤読や解釈の間違いという可能性を払拭できたわけではないけれども。

本書は人類学入門者のことを念頭に置き、注を割愛し、引用文献はなるべく少なくするという条件のもとで書き進めた。新しい議論の展開も盛り込んでいるが、ほとんどがすでに論じられていることである。むしろそれぞれのトピックスをめぐって論じられてきたことをまとめたという体裁になっている。したがって、特に文献を題材にしたトピックスに関しては、実際にフィールドワークをしている人類学者からたくさんのアドバイスやコメント、ヒントをいただいた。一人ひとり名前をあげることは割愛させていただくが、みなさんからのお力添えがあったからこそ、本書は完成した。ありがとうございました。

最後に、身体の授業の話に真剣に耳を傾けてくれ、本にすることを提案してくれた春風社の内藤寛さん、石橋幸子さん、ありがとうございました。

２０１０年７月、梅雨明けの頃、川越にて

浮ヶ谷幸代

【著者】
浮ヶ谷幸代（うきがや　さちよ）
医療人類学・文化人類学
2001 年　Ph.D（学術博士）取得
2009 年　相模女子大学人間社会学部教授
主な著書：
『病気だけど病気ではない――糖尿病とともに生きる生活世界』誠信書房、2004 年
『現代医療の民族誌』明石書店、2004 年（近藤英俊と共編）
『病いと〈つながり〉の場の民族誌』明石書店、2007 年（井口高志と共編）
『ケアと共同性の人類学――北海道浦河赤十字病院精神科病棟から地域へ』生活書院、2009 年

身体と境界の人類学

二〇一〇年一一月三日　初版発行
二〇一七年一〇月一一日　二刷発行

著者　浮ヶ谷幸代
発行者　三浦衛
発行所　春風社
横浜市西区紅葉ヶ丘五三　横浜市教育会館三階
電話　〇四五・二六一・三一六八
FAX　〇四五・二六一・三一六九
http://www.shumpu.com
info@shumpu.com
振替　〇〇二〇〇ー一ー三七五二四

装丁・レイアウト　矢萩多聞
印刷・製本　シナノ書籍印刷株式会社

ISBN 978-4-86110-244-8 C0039 ¥2200E